D1700114

Friedemann Mack
in Zusammenarbeit mit Haike Dogendorf

Der garantierte Verkaufserfolg

Marketing und Handel

Band 16

LIT

Friedemann Mack
in Zusammenarbeit mit Haike Dogendorf

Der garantierte Verkaufserfolg

Mit der 6-E-Verkaufsstrategie

LIT

Gedruckt auf alterungsbeständigem Werkdruckpapier entsprechend
ANSI Z3948   DIN ISO 9706

Bibliografische Information der Deutschen Nationalbibliothek
Die Deutsche Nationalbibliothek verzeichnet diese Publikation in der
Deutschen Nationalbibliografie; detaillierte bibliografische Daten sind
im Internet über http://dnb.d-nb.de abrufbar.

ISBN 978-3-643-12326-8

© LIT VERLAG Dr. W. Hopf Berlin 2013
Verlagskontakt:
Fresnostr. 2   D-48159 Münster
Tel. +49 (0) 2 51-62 03 20   Fax +49 (0) 2 51-23 19 72
E-Mail: lit@lit-verlag.de   http://www.lit-verlag.de

Auslieferung:
Deutschland: LIT Verlag Fresnostr. 2, D-48159 Münster
Tel. +49 (0) 2 51-620 32 22, Fax +49 (0) 2 51-922 60 99, E-Mail: vertrieb@lit-verlag.de
Österreich: Medienlogistik Pichler-ÖBZ, E-Mail: mlo@medien-logistik.at
E-Books sind erhältlich unter www.litwebshop.de

Inhalt

Geleitwort

Dr. R. Ch. Schommers,
Geschäftsführer HEIM & HAUS®Holding

Viele Bücher sind in den letzten Jahren und Jahrzehnten über den Verkauf mit den unterschiedlichsten thematischen Schwerpunkten geschrieben worden. Meist wurden sie von Autoren verfasst, die oftmals nach nur kurzer, vorübergehender eigener Tätigkeit im Vertrieb sich im weiteren Verlauf ihrer beruflichen Karriere auf Training, Coaching oder Weitervermittlung von mehr oder weniger theoretischen, häufig oberflächlichen „Erfolgsrezepten" konzentrieren. Zwangsläufig entsteht im Sinne einer hohen Transferproblematik ein großes Spannungsfeld zwischen Theorie und Praxis.

Im wohltuenden Unterschied zu herkömmlicher Verkaufsliteratur ist der Verfasser des kurzweilig geschriebenen, inhaltlich fundierten Buches „Der garantierte Verkaufserfolg" ein absoluter Experte des persönlichen Absatzweges. Er ist ein „Vollblutverkäufer", der Können und Begeisterung in sich vereint und auf Kunden sowie Verkaufsmitarbeiter überträgt. Seit mehr als 25 Jahren ist er in den verschiedensten Branchen sehr erfolgreich unterwegs. Täglich im Training, ist er stets offen für neue Erkenntnisse. Auf diese Weise hat er seinen eigenen Verkaufsstil ständig in der Praxis im Detail verbessert und zu der höchst wirksamen „6-E-Verkaufsstrategie" entwickelt. Darüber hinaus besitzt er als Spitzenmann des Direkt-

vertriebs auch die große Fähigkeit, durch gelunge-
nen Wissenstransfer und nachhaltige Vorbildfunktion
andere Menschen im Verkauf erfolgreich zu machen.
In jeder Zeile seines Buches spürt man die Begeisterung für den persönlichen Verkauf von Mensch
zu Mensch. Angefangen bei der Kontaktaufnahme
an der Haustüre bis zum erfolgreichen Vertragsabschluss ist es sein hoher moralischer und geschäft-
licher Anspruch, sowohl Kunden als auch den Verkäufer in eine „Win-Win-Situation" mit emotionalem
Mehrwert zu bringen. Wer seiner, aus der Praxis für
die Praxis entwickelten Strategie mit Herz und Ver-
stand folgt, wird mit Sicherheit bessere Absatzzah-
len erzielen als zuvor und auch die Verkäuferaufga-
be als psychisch erfüllend erleben. Egal ob im klassischen Direktvertrieb von Tür zu Tür, oder im persönlichen Verkauf von hochwertigen Produkten und
Dienstleistungen, die „6-E-Verkaufsstrategie" hat ein
so breites Anwendungsspektrum, dass sie von Verkäufern vieler Branchen erfolgswirksam eingesetzt
werden kann.
Dazu gratuliere ich dem Verfasser Herrn Friedemann Mack! Ich wünsche ihm eine weite Verbreitung
seines Fachbuches und weiterhin großen Erfolg mit
der „6-E-Verkaufsstrategie" im persönlichen Verkauf
der hochwertigen HEIM & HAUS-Bauelemente und
der zielorientierten Verkäuferausbildung.

Duisburg, im Juli 2013
Dr. R. Chr. Schommers

Danksagung

Das Leben besteht nicht nur aus Rosarot, das Leben hat Höhen und Tiefen. Heute weiß ich, dass jeder sein Päckchen zu tragen bekommt. Gerade auch Diejenigen, die nach außen hin immer etwas darstellen wollen, aber im tiefsten Inneren an sich zweifeln, oder vielleicht sogar ein ganz anderes Leben führen, als das, was sie eigentlich leben möchten.

Deshalb möchte ich mich zu aller erst bei meinen tiefsten Schlägen des Leben bedanken, denn gerade diese Phasen haben mich zu der Person gemacht, die ich heute bin.

Bedanken möchte ich mich ganz besonders bei meiner Lebensgefährtin, Jutta Fuchs, die in den 23 Jahren an meiner Seite viele dieser Tiefschläge mit mir durchgestanden hat und mich immer mit voller Kraft unterstützt hat. Meinen drei Kindern Patrik, Dominik und Michele will ich danken, weil sie die besten Kinder der Welt sind und bei so einem Vater immer auf einiges verzichten mussten. Sie gehen trotzdem zielstrebig ihren Lebensweg und ich bin stolz darauf, dass sie alle drei erfolgreich in ihrem eigenen Leben stehen.

Schon wieder eine neue Verkaufsstrategie?!

> Misserfolg ist lediglich eine Gelegenheit,
> mit neuen Ansichten
> noch einmal anzufangen.
> *Herbert Bayard Swope*

Das menschliche Streben nach Erfolg wirft tagtäglich unzählige Verkäufer auf die essentielle Frage zurück:

Wie werde ich langfristig erfolgreich?

Auf dem Bücher-Markt kursieren unüberschaubar viele Verkaufs-Ratgeber, ebenso viele Verkaufs- und Erfolgstrainer geben „From-Dishwasher-to-Millionaire"-Seminare, einige ihr Geld wert, manche leider eher eine fragwürdige Investition. Ein genauer Blick auf die Vielfalt und Menge der Angebote lässt uns schnell erkennen, dass der Bedarf an solchen Seminaren und Ratgebern enorm ist.[1] Viele hiervon wollen eine große Gruppe von Verkäufern, Dienstleistern oder generell Erfolgssuchende ansprechen, sind also tendenziell inhaltlich breit gefächert.

Dieses Büchlein dagegen widmet sich den Erfolgssuchenden in der Verkaufssparte, und fokussiert hauptsächlich den erfolgreichen Tür-zu-Tür-Verkauf,

also dem Direktverkauf zwischen Verkäufer und Endkunden. Da die Basis-Elemente aus ökonomischen,
psychologischen und ethischen Elementen bestehen, hält die Lektüre auch Interessantes und Wis-
senswertes für den/die fachfremde/n interessierte/n
Leser/in[2] bereit.

Wie alles kam

Innerhalb der letzten 20 Jahre habe ich mich ausgie-
big mit dem Direktverkauf verschiedenster Produkte auseinandergesetzt. Viele Seminare unterschied-
lichster Verkaufs- und Erfolgstrainer habe ich in der
Hoffnung besucht, dazuzulernen und erfolgreicher zu
werden. Mein Vertrauen in Erfolgs- oder Verkaufsstrategien sank mit der Zeit zunehmend – ging es hier
allen einzig und allein um den Verkauf eines Produktes (oder einer Strategie) mit Hilfe der Werbepsycho-
logie auf Kosten des Käufers? Das schien mir nicht
der richtige Weg zu sein. Diejenigen Strategien, die
mir human erschienen, führten zu keinem befriedi-
genden Ergebnis und so musste ich mir zwangsläufig
die Frage stellen, womit wir uns bei solch hochgeprie-
senen Tipps eine ziemlich schmale Ausbeute erklären können; eine Verkettung unglücklicher Umstände vielleicht? Habe ich die Anweisungen nicht richtig
befolgt?[3]
    Die Redeweise, aus Erfahrung weiser zu werden,
ist altbekannt und ebenso richtig. Es wäre tragisch,
wenn die Trial-and-Error-Methode nicht greifen würde; jegliches Dazu-Lernen müsste auf eine mir uner-
klärliche, andere Art und Weise stattfinden. Da das
menschliche Wesen aber nach einer gescheiterten
Situation eine neue, ähnliche Situation mit dem vergangenen Scheitern vergleicht und sein Handeln ver-

ändert und optimiert, können Erfolgstrainer folgendes Argument verwenden: „Diese Strategie wurde in jahrzehntelanger Arbeit entwickelt und bewährt sich nun schon seit langem immer wieder aufs Neue." Wieso sollte man also dieser Aussage keinen Glauben schenken?!

Einer der populärsten Verkaufstrainer und Erfolgs-Coaches Deutschlands verkündet, dass heutzutage ein Verkaufstermin sofort zur Sache kommen müsse, denn der Kunde habe keine Lust auf großes soziales Brimborium. Diese Aussage ist so eindeutig, dass sie sich selbst erklärt – kurz, knapp und *un*persönlich. Als ich diese Handlungsanweisung mehrfach testete, bemerkte ich, dass sich der Kunde zurückhielt, sich nicht so richtig entscheiden konnte oder wollte und dies zu einer Verschlechterung meiner Quote führte.

Genauer hinsehen

Die eben genannte Herangehensweise macht dann Sinn, wenn man in einer Branche arbeitet, in der Verkäufer an Verkäufer verkaufen, z.B. Kopiergeräte an den *Weiter*verkäufer gebracht werden. Es findet hier also kein Gespräch zwischen Verkäufer und Endkunden statt, sondern zwischen zwei Parteien, die ausschließlich in unternehmerischem Interesse entscheiden, keine Zeit haben und am liebsten schon gestern die Umsätze von morgen gesehen hätten. Dementsprechend beschränkt sich deren Kommunikation auf die *Produkt-Fakten*; nach deren Präsentation kommt es zum Kaufvertrag oder nicht. Diese Weiter-Verkäufer haben keinerlei Interesse daran, freundlich behandelt zu werden, sie wollen nicht in Watte gepackt werden, sondern das beste Produkt zum besten Preis für den Weiterverkauf ihr Eigen nennen.

Im Gegensatz dazu hat der Endkunde, meistens also eine Privatperson, ein persönliches Interesse daran, dass sein zukünftiges Produkt gut, der Verkäufer seriös *und* die Verkaufssituation menschlich und freundlich ist. Wenn jemand über eine relevante Summe seines *Privatvermögens* entscheidet, möchte man sich dabei in der Regel *sicher und verstanden* fühlen. So können wir uns also auch erklären, warum dieser Tipp nicht fruchten kann, wenn man es mit Privatpersonen zu tun hat!

Dieser und die allermeisten ähnlichen Tipps und Strategien sind genau deswegen zum Scheitern verurteilt: sie vernachlässigen zwei der wichtigsten Komponenten im Face-to-Face-Verkauf oder noch schlimmer, sie lassen sie völlig unter den Tisch fallen:
die *psychologische* und die *ethische*.

Hauptsache, Umsatz!

Sie denken jetzt, Mensch, ich will doch nur meinen Umsatz steigern, was spielt es denn für eine Rolle, ob der Kunde ein heimeliges Gefühl hat?! Umsatz, Umsatz, Umsatz! – ist nichts wert, wenn Sie Ihrem Gegenüber nicht in die Augen schauen können, Sie eigentlich wissen aber gekonnt verdrängen, dass das Geschäft eine Abzocke, Ihre Produkte mies und dies nur einer von vielen Kunden ist, dem Sie das Geld aus der Tasche ziehen werden.

Das Image

Immer wieder habe ich versucht, herauszufinden, wie und ob man eine Vorgehensweise entwickeln kann, die nicht nur den momentanen Verkauf erfolgreich abschließt, sondern mit der man dem (potentiellen) Kunden auch danach noch in die Augen sehen kann, ohne ein schlechtes Gewissen haben zu müssen. Nein, der Verkauf ist nicht erfolgreich, wenn ich einem Kunden eine Fassade verkaufen konnte, die er nicht benötigt! Vielleicht hätte er viel eher neue Fenster gebraucht. Durch meinen Verkauf wurden jedoch nun seine Ressourcen ausgeschöpft und ich habe ihn erstens nicht zufriedengestellt, ihn zweitens wahrscheinlich kurzfristig sehr sauer und drittens mittelfristig um eine relevante Summe ärmer gemacht. Langfristig wird er es sich ein zweites Mal überlegen, mit *so jemandem wie mir* nochmal Geschäfte zu machen. Seine Freunde und Bekannte werden das dann wohl auch nicht tun. Kein Wunder, dass *wir* überall verschrien sind und die Türen vor unseren Nasen zugeschmettert werden![4]

Wieso dieses Buch?

Mit meinen Erfahrungen im Direktverkauf möchte ich gern beratend fungieren und hier eine Methode vorstellen, die ich selbst entwickelt und gegen viele andere Methoden getestet habe. Anhand einiger lebensnaher Tatsachenberichte sollen die Anwendung und der Erfolg der 6-E-Verkaufsstrategie veranschaulicht werden. Nach unzähligen Tür-zu-Tür-Verkäufen habe ich durch das aussortierte Wissen aus vielen Seminaren und Büchern und dem Feedback der Kunden langsam ein Schema mit Stufen erarbeitet. Anfangs waren diese Stufen noch nicht miteinander verwoben oder eindeutig definiert. Im Laufe der Zeit habe ich die starke Abhängigkeit der „Stufen" erkannt. Nach und nach formte sich dies zu einem Ganzen, das sich heute als sechsfache, aufeinander aufbauende Treppe präsentieren kann, die von jedem zu verstehen, zu erlernen und angewendet werden kann!

Die Methode beinhaltet aber nicht nur eine kalte Verkaufsstrategie zwischen Verkäufer und Käufer, sondern ihr unterliegt ein bestimmtes Menschen- und Weltbild, welches in allen Abschnitten der Methode enthalten ist. Hier wird jedoch keine Ideologie verfolgt oder um dogmatische Nachahmung gebeten. Dies soll schlicht und einfach ein Ratgeber sein, der ein menschliches Direktverkaufs-Klima schafft *und dadurch* den Umsatz der Verkäufer steigert.

Wenn Sie die 6-E-Verkaufsstrategie zu Ihrem alltäglichen Handwerkszeug werden lassen, wartet bereits die beste Verkäuferposition Ihres Unternehmens auf Sie! Mit der aufrichtigen Handhabung der 6-E-Verkaufsstrategie werden Sie nicht nur mehr und zu besseren Preisen verkaufen, sondern dabei auch die Moral auf Ihrer Seite haben.

So möchte ich Ihnen mit Hilfe dieses Buches mein gesammeltes und geordnetes Wissen weitergeben und wünsche Ihnen von Herzen eine Vervielfachung Ihrer Abschlüsse, und damit auch Ihrer Umsätze,

Ihr

Karlsruhe, den 12.08.2013
Friedemann Mack

Vom Lausbub zum Titanen – die Erfolgsgeschichte

Als 11-jähriger Hauptschüler der Grund- und Hauptschule Kirchardt blickte ich mit großen Augen auf die Erfolgreichen im Leben. Auf Diejenigen, die mit ihrem Wagen in der eigenen Einfahrt oder im Hof parken konnten, den Schlüssel in ihr eigenes Häuschen steckten und dann auf der Rückseite mit ihren Kindern im eigenen Garten spielten. Damals erkannte ich zwar meinen Traum noch nicht, aber ich träumte ihn trotzdem. Ich musste es irgendwie schaffen, im Leben erfolgreich zu sein und die anderen Mitstreiter im großen Wettrennen sogar zu überholen. Eine kleine Anekdote aus meiner Dachdecker-Lehre soll die Anfänge meiner erfolgreichen Einstellung zeigen...

Beim Stammtisch in unserer Dorfkneipe berichtete einer meiner Arbeitskollegen mit geblähter Brust von unserem Chef und seinem neuen Mercedes 280 SE. Dieser Kollege war auf den Kauf des Chefs so stolz, dass man hätte glauben können, es sei der eigene Mercedes des Kollegen, seine eigene Errungenschaft. Ich fragte ihn daraufhin, wieso er so stolz auf den Mercedes des Chefs sein könne, denn es sei ja schließlich nicht sein eigener! Der Chef habe ihn sich dagegen selbst hart erarbeitet. Man könne doch nur wirklich stolz auf etwas sein, wofür man selbst gearbeitet habe!

Am Tag meines 18. Geburtstages meldete ich mein erstes Gewerbe an. In meinem damaligen Umfeld drehte sich alles um die Reparatur von Ölöfen, die Aufträge flogen uns sprichwörtlich entgegen. Ich wollte aber mehr, hoch hinaus und noch weiter, daher arbeitete ich nebenher noch in Diskotheken. Mit 25 wagte ich den großen Sprung und machte mich als Getränkehändler selbständig. In kürzester Zeit mischte ich in der Branche ganz vorne mit, mein Übermut ließ mich aber schon bald (1995) meinen ersten wirtschaftlichen Crash erleben. Mit drei kleinen Kindern hieß es angesichts der Katastrophe und ohne jegliche Rücklage nicht nur wieder bei Null anzufangen, sondern aus einem riesigen Minus herauszukommen.

1996 begann meine Laufbahn im Direktvertrieb mit Staubsaugern. Hier lernte ich meinen späteren Lehrmeister in Sachen Direktvertrieb, Fred Joras[5], kennen, der mich von den Staubsaugern zu Vorhängefassaden abwarb. Bei *Joras GmbH* lernte ich schnell dazu und wurde nicht nur zum besten Verkäufer, sondern leitete bald den gesamten Vertrieb.

1999 wechselte ich in die Fensterbranche zur Firma *WIKKA*, um das Gebiet Heilbronn – Stuttgart aufzubauen. Die Umsätze explodierten und innerhalb kürzester Zeit hatte ich 12 Verkäufer mit Rekordumsätzen aufgebaut.

2001 wechselte ich als Vertriebsleiter zum *FENSTERZENTRUM* Heilbronn, konnte dort 30 Verkäufer/innen aufbauen und einen Monatsumsatz von 500.000 € erwirtschaften, sodass der Hersteller *Al Bohn Fenster Elemente* ernsthafte Probleme bekam, die Masse an Aufträgen produzieren zu können.

2004 brach ich anschließend bei *POLYDUR Fassaden* die bisherigen Verkaufsrekorde. Brachte der ambitionierte Verkäufer Aufträge für 800 m^2 Fassade/Monat mit, fühlte ich mich mit 1.800 m^2 Fassade/Monat doch viel wohler.

2007 startete ich dann meine Karriere bei HEIM & HAUS und wurde 2008 mit 550.000 € Jahresumsatz bester Neulingsverkäufer auf Bundesebene. Im Laufe meiner langjährigen Verkäuferlaufbahn gab es unzählige Termine, bei denen mich Neulinge begleiteten. Nach diesen Terminen waren diese von der Verkaufsstrategie so begeistert, dass sie mir den Spitznamen „Verkaufstitan" gaben. Dieser setzte sich bis heute *erfolgreich* durch. Darüber aber später mehr.

2009 übernahm ich mit der Firma Prozor System die HEIM & HAUS Verkaufsleitung Heilbronn, diese wurde 2009 als beste Verkaufsleitung deutschlandweit gekürt. In diesem Jahr schaffte Ullrich Diemer einen neuen Umsatzrekord als Neulingsverkäufer von 660.000 € und schrieb wieder Firmengeschichte von HEIM & HAUS.

2010 baute ich Andreas Hoffmeister zum besten Neuling in Baden-Württemberg auf.

2011 wurde Fritz Bauer bester Neuling in Baden-Württemberg.

2012 holte Heinrich Persner den Landes-Neulingstitel und Heilbronn wurde beste Verkaufsleitung in Baden-Württemberg.

40 Jahre HEIM & HAUS®– eine Bilanz:

Im fünften Jahr in Folge stellte ich in Heilbronn den besten Neuling bundes- bzw. landesweit und kann mit 40 Verkäufer/innen insgesamt nicht nur auf den höchsten Umsatz landesweit blicken, sondern bin mit meiner Mannschaft weiterhin auf der Überhol-spur unterwegs!

Holen nun auch Sie sich Ihren Erfolg!

Auf in eine bessere Zukunft!
... aber was ist mit der
Geschichte?

> Fang den Tag von heute nicht
> mit den Scherben von gestern an.
> *Phil Bosmans*

Bevor wir in die Materie einsteigen, möchte ich dem interessierten Leser einen kleinen Überblick über die Entwicklung des Direktverkaufs geben. Seit wann gibt es den Direktverkauf und wie wurde er zu dem, was „wir Verkäufer" heute darunter verstehen? Was hat sich verändert und, ist das gut?

Darüber hinaus soll außerdem unsere Verwendung einiger Begriffe geklärt werden, die im Volksmund ihre Eigendynamik erworben haben, aber durch die verschiedene Benutzung Verwirrung stiften können. Dieser kurze Abspann soll sicherstellen, dass keine Missverständnisse entstehen, die den Leser vom eigentlichen Inhalt fernhalten und folglich den späteren Erfolg verhindern könnten – wir wollen über Dasselbe sprechen!

Geschichte und Gegenwart

Damals war alles... Staubsauger!

Wenn man ein bisschen was auf Stammbäume und Ahnenforschung gibt, kann ich Ihnen berichten, dass *wir*, die Direktverkäufer, eine ziemlich lange Linie zurückverfolgen können. Was den Verkäufer als Beruf insgesamt angeht, dürfen wir wohl sogar behaupten, aus dem ältesten Zweig der Verkäuferfamilie zu stammen.

Der sogenannte „Wanderhandel", bzw. „ambulanter Handel" kann auf einigen Flecken der Erde auf mehrere Tausend Jahre Geschichte zurückblicken, da er in den dünnbesiedelten Gebieten und großen Distanzen

„die Bevölkerung mit allem Notwendigen und vor allem mit (...) Bedarfsgütern versorgte". „Sprach deshalb ein ambulanter Händler vor, wurde dieser Besuch denn auch nur selten als aufdringliche Belästigung empfunden. Er war vielmehr – als „Botschaft aus der großen Welt" – ein mitunter sehnlichst erwartetes Ereignis und eine oft willkommene Abwechslung in der Eintönigkeit und Einsamkeit des Lebens".[6]

Damals versorgten die „fliegenden Händler" die Menschen u.A. mit „Textil, Metall-, Holz-, Korb-, Bürsten-, Glas-, Porzellan-, und Lederwaren aus eigener Herstellung." Diese Art der – modern genannt – Dienstleistung war damals unabdingbar und zieht sich in der Art und Weise bis in die Anfänge des 20. Jahrhunderts hinein. Noch in den 1920er und 1930er Jahren umfasste der Direktvertrieb einen beachtlichen Anteil des gesamten Absatzes in Deutschland.

„Für das Jahr 1931 wurde der Gesamtumsatz des ambulanten Gewerbes immerhin noch auf annähernd 2,3 Mrd.

Reichsmark beziffert, und noch 1938 zählte die „Fachgruppe ambulanter Warenhandel" fast 100.000 registrierte Mitglieder".[7]

1964 stehen die Weichen des Direktverkaufs allerdings fast überall in Deutschland auf rot. Nicht etwa, weil es gesetzliche Gegenmaßnahmen oder Verbote gab, sondern weil das Verkaufs-Prozedere ein anderes war und die Bevölkerung auch schon damals eine ernstzunehmende Anti-Haltung gegenüber Tür-zu-Tür-Verkäufen hatte. Die Verkaufs-Idee, dem potentiellen Käufer die Ware nach Hause zu bringen und als Verkäufer *Zeit* mitzubringen, und nicht andersrum – dass der Käufer den Ladengang in beengenden Gängen und mit gestressten Verkäufern wagen muss – das sollte die Menschen ansprechen. Meistens kam es aber erst gar nicht zu einem Gespräch.

Ähnlich der „shop-at-home-Bewegung", die z. B. auch eine „Probezeit" (Die ZEIT online, vom 18.12.1964) der Ware in den eigenen vier Wänden ermöglichte, versuchte der Direktvertrieb die Menschen in ruhiger Atmosphäre persönlich zu beraten. In einer Welt, in der der Verkäufer sich aber zunächst vormittags in das Herz der eingeschüchterten Hausfrau schmeicheln musste, um mit ihr einen Verkaufstermin mit dem Mann ausmachen zu können, leben wir heute glücklicherweise nicht mehr.[8]

In den späten 70-er Jahren fragte man sich nach einigen Skandalen, ob der Tür-zu-Tür-Verkauf vielleicht vor dem völligen Aus stand, denn auch auf europäischer Ebene befasste man sich wegen sich häufender Beschwerden der Machenschaften „unserer" Branche mit den Rechtsgrundlagen. Anfang der Achtziger Jahre wurde dann von Seiten des Verbraucherschutzes interveniert und das Widerrufsrecht[9] für dieses Verkaufsmetier eingeführt.

Heute ist alles ... personalisierter!

Was allerdings gleich geblieben ist, sind zwei Dinge. Der erste Punkt ist einer, der sich auf die Direkt-Vertriebs-Branche positiv auswirken *kann*, der andere jedoch einer, der sich in jedem Fall negativ auswirken *muss*. Positiv kann sich auswirken, dass das Bedürfnis der Menschen, von jemandem persönlich, in Ruhe und in ihrem gewohnten Umfeld beraten zu werden, größer denn je ist. Dies kann man daran bemerken, dass immer weniger Menschen mit der sich immer schneller drehenden Welt der Medien, Kommunikation inklusive der blind-machenden Werbung über 24 Stunden hinweg zurechtkommen und Rückzug davor suchen. Viele namhafte Firmen – selbstverständlich auch mit anderen Vertriebsstrategien – haben das menschliche Bedürfnis nach privatem Raum, privater Entscheidung und der Nachfrage nach einem individuellen Produkt erkannt und machen sich nun seit kurzem daran, ihre Produkte zu „personalisieren"[10].

Eben diese Personalisierung wird von unseren geschulten Verkäufern den potentiellen Kunden in ihrem gewohnten Umfeld ohne Druck vermittelt – ein Produkt-Service, der den Kunden passt!

Leider hat sich jedoch in der Einstellung bzw. dem Bild in der Bevölkerung gegenüber dem Direktverkauf seit 1964 wohl nicht sehr viel zum Guten gewendet; das bemerke ich täglich immer wieder aufs Neue! Woher das kommt, wissen wir alle und wir wollen uns da auch nichts vormachen: In der Direkt-Vertriebs-Branche gibt es viele schwarze Schafe, die den gut ausgebildeten Verkäufern mit guten Produkten den Wind aus den Segeln genommen haben und immer noch nehmen. Abzocke, Lügen und leere Versprechungen, und strategisches Opfer-Aussuchen, z.b. mit Vorliebe alleinstehende ältere Damen und Herren, findet durch dubiose Firmen statt, die, wenn nicht im kriminellen Bereich, wenigstens im zwielichtigen anzusiedeln sind.

Nicht nur möchte ich mich im Namen der Firma HEIM & HAUS® und im Namen aller ehrlicher Direkt-Verkäufer von solchen Machenschaften entschieden distanzieren, sondern mit diesem Buch auch dazu beitragen, die Sicht auf den Direkt-Vertrieb, aber auch die Sicht von Direkt-Vertrieblern nach außen auf den Kunden, positiv zu verändern!

Denn nicht die Vertriebsart ist der böse Keim, sondern der falsche Umgang mit ihr!

Erwähnen möchte ich an dieser Stelle, dass auch die beste Firma und der beste Verkäufer nur so gut sein können, wie es die Struktur zulässt, innerhalb derer er seine Arbeit verrichtet. Als solche kann der Bundesverband Direktvertrieb Deutschland e.V. (BDD) als Dreh- und Angelpunkt von allen Direktvertrieblern und -firmen in seiner Wichtigkeit nicht überschätzt werden. Es ist der BDD, der uns unsere harte Arbeit, unsere Seriosität und Zuverlässigkeit und einen guten Umgang mit Kunden erst zertifizieren darf. Und eben genau darauf können Diejenigen, die in den Verband aufgenommen wurden, auch stolz sein.

„Die Verhaltensstandards des Direktvertriebs stehen für ein **faires Miteinander** im Direktvertrieb. Als **Leitlinien** für *ein sauberes Marktverhalten garantieren die Verhaltens-standards des Direktvertriebs nicht nur* **Schutz vor unseriösen Geschäftspraktiken.** *Kunden- und Mitarbeiterzufriedenheit haben hier erste Priorität.* "[11]

Dementsprechend können unsere Kunden vor dem Kauf der Produkte nicht nur erkennen, ob wir zertifiziert wurden, sondern sich guten Gewissens für uns entscheiden, uns weiterempfehlen und vor allem – den schwarzen Schafen aus dem Weg gehen, ohne Schaden zu nehmen.

Worüber wir reden[12]

Wir werden nun Begriffe wie „verkaufen", „Erfolg" bzw. „erfolgreich", „Strategie", aber auch „Ethik" bzw. „ethisch" definieren und sie danach in einen Zusammenhang bringen. Entscheiden Sie sich nun dazu, das Begriffskapitel zu überspringen und gleich mit dem Themenkapitel „Einstellung" zu beginnen, kann es passieren, dass wir aneinander vorbeireden. Wir verwenden zwar dieselben Wörter, aber jeder füllt sie mit anderem Inhalt. Wenn das schon in einer Familie oder zwischen Partnern oft der Fall ist, wie weit auseinander kann man dann erst *über ein und dasselbe Thema* sein, wenn die Beteiligten von unterschiedlicher Herkunft, verschiedener Kultur usw. sind? Dieses Kapitel bietet Ihnen das Handwerkszeug für die folgenden Themenkapitel; lassen Sie uns nun mit denselben Werkzeugen arbeiten!

1. „Verkaufen"

Natürlich müssen wir hier *nicht* darüber sprechen, was es bedeutet, *etwas zu verkaufen.* Es wäre überheblich, Sie alle in Ihrer alltäglichen und teilweise

langjährigen, ja, jahrzehntelangen Arbeit darüber be-
lehren zu wollen. Das sind Tatsachen, die in unser
aller Fleisch und Blut übergegangen sind und unser
tägliches Handwerkszeug prägen. Und genau hier
liegt der Hund begraben! Alles, was wir *zu* routi-
niert tun, hinterfragen wir nach kurzer Zeit annähernd
nicht mehr (außer, der Erfolg bleibt aus...).

Befragt man den Duden, so ergeben sich verschiedene Sinn-Bereiche des Wortes, auf die man je
nach Bedarf zugreifen kann. „Verkaufen" ist demnach

„*1. a. jemandem etwas gegen Zahlung einer bestimmten
Summe als Eigentum überlassen*"[13]

Hier ist nichts darüber zu lesen, ob der Tausch z.B.
gerecht ist. Es ist der pure Tausch-Vorgang. Weiter
lesen wir

„*b. in bestimmter Weise verkäuflich (1) sein*"

Unsere zunächst so neutral klingende Definition
macht sich in unserem subjektiven Kopf jetzt schon
in Richtung der *negativen* Seite auf. An diesem Punkt
der Definition steht das „sich verkaufen" noch nicht im
Vordergrund, spätestens aber an folgendem:

„*3. für Geld oder Gewährung anderer Vorteile jemandem
seine Dienste zur Verfügung stellen*".

Wir können davon ausgehen, dass sich im Laufe der
Zeit die verschieden benutzbaren Wortinhalte ver-
mischt haben und sich allgemein ein negatives Gefühl und Bild in der Bevölkerung breit gemacht hat.
Dies hängt nicht nur mit dem Direktverkauf zusammen; der größte Teil dieses schlechten Gefühls ist
meines Erachtens im Zusammenhang des Tausch-
handels insgesamt entstanden, denn bei einem Geschäft stehen immer Eigeninteressen im Vordergrund

und die Frage, ob man möglicherweise übers Ohr gehauen wurde. Im Bezug auf den Direktvertrieb haften in der Bevölkerung emotionale Erinnerungen an Staubsauger-Vertreter, die die Frau Mutter – man bekam das als Kind nur vage mit – von einem sündhaft teuren Staubsauger überzeugte, ja, überredete, denn etwas besseres gäbe es auf dem Markt nicht und alle Nachbarn rissen sich um genau dieses Exemplar. Wie viel Prozent Ehrlichkeit in diesem Verkauf enthalten ist, darf jeder Leser selbst entscheiden.

Wir sind offensichtlich nicht dazu in der Lage, einen neutralen Vorgang *nur* neutral zu sehen, sondern wir interpretieren alles, haben Gefühle und Erwartungen und das eben auch bei einem Tauschhandel. Wir machen also zwangsläufig etwas Unemotionales emotional! Da wir das aber alle machen, gibt es meiner Meinung nach nur eine Möglichkeit damit umzugehen: da wir nicht alle plötzlich nichts mehr fühlen können (und auch nicht wollen), muss in die neutrale Tauschsituation eine moralische Regel eingebaut werden, an die man sich halten kann. Nicht, dass das etwas Neues wäre! Ich plädiere aber nun hier für die Wiederentdeckung dieser *ökonomischen Moral*: was verstehen wir also nun unter „verkaufen"?

Immer, wenn wir von „verkaufen" sprechen, schwingen Gedanken und Gefühle wie Neid, Abzocke, Großspurigkeit, Ungerechtigkeit usw. mit. Aber wollen wir uns selbst so sehen? Sind wir diesem Bild schutzlos ausgeliefert? In diesem Buch plädiere ich für ein neues Verständnis des Verkaufs, das die Grundlage der 6-E-Verkaufsstrategie ist.

Ich habe folgende Erwartungen an den Verkäufer und die Verkaufssituation: Sie sollen seriös, positiv und menschlich sein! Ich behaupte, dass wir in unserem tiefsten Inneren von einer Situation mit zwei

Menschen Menschlichkeit erwarten und dies eben auch dann tun, wenn gerade ein Tauschgeschäft abläuft. Meines Erachtens sollte zwischen beiden Parteien zu jedem Zeitpunkt ein wohlwollendes Verhältnis bestehen. Hier geht es nicht darum, den Samariter zu spielen, sondern einen *guten* Verkauf zu tätigen. Oh, ein Wort der Moral im eisernen Bereich der Ökonomie. Passt das denn zusammen, fragen sich viele. Und wiederum viele verneinen dies, denn nicht nur Privates und Geschäftliches sollte man trennen – dies ist quasi ein Standardspruch – sondern auch die Moral habe nichts in der Wirtschaft, im kalten Sektor des Umsatzes zu suchen. Aber ich frage Sie noch einmal, ist das wirklich so?

Haben wir nicht doch den Anspruch, mit dem menschlichen Gegenüber ebenso menschlich umzugehen? Ich schließe den Vertrag zumindest noch nicht mit einer Maschine ab. So lange das noch nicht der Fall ist, möchte ich integer sein und auch so wahrgenommen werden.

Manche von Ihnen fragen sich jetzt, warum ich auf der Moral herumreite, wenn es doch um Gewinnsteigerung und das Erklimmen immer höherer Stufen auf der Erfolgsleiter geht... Der Haken an der Sache ist: *langfristig erfolgreich* werden nicht die rücksichtslosen Einzelkämpfer, die jeden Vorteil wittern und dem Kunden völlig inadäquate Verkäufe aufschwatzen. Es herrscht zwar die allgemein-depressiv anmutende Meinung, der Egoistischste gewinne immer im Leben. Bei einigen mag das auch der Fall sein. Trotzdem stimmen auch Sie mir doch zu, dass *Sie* nicht in den Schuhen dieser Egoisten stecken wollen; vielleicht für ein paar Tage, aber nicht ein Leben lang. Denn wir sprechen Denjenigen kein *wahres* Glück zu, denn ihnen fehlen – wie kann es anders auch sein –

die menschlichen Dinge, die dauerhaft und wertvoller sind, als Geld.

Demnach ist *meine* Definition von „verkaufen" folgende:

Jemandem etwas in **guter Absicht und auf ehrlicher Grundlage** *gegen Zahlung einer angemessenen Summe als Eigentum überlassen.*

2. „Erfolg" und „erfolgreich"

Natürlich steht eine Verbesserung Ihres Umsatzes im direkten Zusammenhang mit Ihrem Erfolg, bzw. andersrum. Und genau das erstreben wir, Sie, ich, jeden Tag aufs Neue. Der Duden gibt zur Abfrage Folgendes zu Protokoll:

„positives Ergebnis einer Bemühung; Eintreten einer beabsichtigten, erstrebten Wirkung"[44]

Wir sind also dann erfolgreich, wenn wir nach guter Arbeit die entsprechende Belohnung erhalten. Es geht demnach um eine Eigenbelohnung, ohne zunächst die Auswirkungen der Tat, des Tausches oder der Transaktion in den Blick zu nehmen.

Jedes Handeln im Direkt-Verkauf, auch in allen anderen Verkaufs-Arten, basiert aber letztlich auf Interaktionen zwischen Menschen, es besteht Kontakt und Gespräch (mündlich, schriftlich per Brief oder E-Mail, oder im direkten Gespräch) zwischen zwei Personen, die am Ende des Tages immer noch Privatpersonen sind und bleiben. Ihr Erfolg kann daher kein wirklicher Erfolg sein, wenn Sie jemanden nicht passend beraten haben und er deswegen den Kaufvertrag abschließt. Ihr Erfolg kann keiner sein, wenn die gutgläubige ältere Dame Ihre Ersparnisse in Ihre Hände legt und Sie damit ohne Gewissen umgehen. Sie wollen etwas Positives schaffen, dann muss es tatsächlich positiv sein – ohne Abstriche! Des einen Freud, ist des anderen … Freud! Beide Seiten sollen davon profitieren, dass Sie Ihr Know-How richtig anwenden und die richtigen Personen zur richtigen Zeit anwesend sind! In diesem Buch stehen jegliches Streben nach Erfolg und Vergrößerung des eigenen Umsatzes in direktem Zusammenhang mit unseren Kunden und deren Bedürfnissen – wir sind Dienstleister, wenn wir sie nicht wirklich glücklich machen, haben wir unser Ziel verfehlt! Die Sache sollte also keinen Haken haben!

3. Die „Strategie"

Wohl annähernd jeder Verkäufer kann von sich behaupten, eine Strategie oder Taktik anzuwenden, um im Arbeitsleben erfolgreich zu sein. Wir gehen also nicht planlos zu unseren Terminen, sondern mit der Absicht, unser Wissen nach einem gewissen Ablauf anzuwenden, und dies mit möglichst großem Erfolg.

Eine „Strategie" beinhaltet einen

„genaue(n) Plan des eigenen Vorgehens, der dazu dient, ein militärisches, politisches, psychologisches, wirtschaftliches o. ä. Ziel zu erreichen, und in dem man diejenigen Faktoren, die in die eigene Aktion hineinspielen könnten, von vornherein einzukalkulieren versucht".[15]

Solange wir aber unsere Produkte an Menschen verkaufen, reicht eine karge Strategie zur Steigerung unseren Erfolgs nicht aus – wirklichen Erfolg haben wir mit einer Strategie, die beinhaltet, dass *Menschen* miteinander kommunizieren, es um tatsächliche Bedürfnisse geht und letztlich diese miteinander besprochen werden. Demnach ist *unsere* Strategie maßgeblich durch ihre Basis geprägt, nämlich durch ihre „Ethik".

4. Die „Ethik" bzw. „ethisch"

Wir verwenden die Begriffe „Ethik" und „ethisch" im Alltag meistens eher durch ihre Synonyme, nämlich „Moral" und „moralisch". Meistens dringen wir aber nicht zum Kern der Bedeutung vor, wenn wir davon sprechen, jemand habe nicht „moralisch" gehandelt. Was genau meinen wir denn damit?

„Ethik" ist laut Duden die

„(...) Gesamtheit sittlicher Normen und Maximen, die einer [verantwortungsbewussten] Einstellung zugrunde liegen."[46]

Wir wollen das Augenmerk vor allem auf das Wörtchen „verantwortungsbewusst" legen und dies mit anderen Worten nochmals formulieren:

„Ethisch" bzw. „moralisch" ist jenes Handeln, das das Wohl Derjenigen zum Ziel hat, mit denen man kommuniziert. Die Moral bezieht sich also immer auf ein Miteinander bzw. Zu-Einander. Es geht schlicht und ergreifend um den guten Umgang untereinander, den man von sich und den anderen erwartet. In den verschiedenen Kulturen können wir verschiedene Ausprägungen von Ethik finden, denn Gut und Böse wird nicht überall vollkommen gleich definiert. Ein Verhalten kann hier bestraft werden und dort sogar als ehrenvoll bezeichnet werden. Jedoch gibt es Grundsätze, die der Mensch in sich trägt, die er nicht abstreifen kann. Diese Grundsätze sind nicht nur maßgeblich für jede Völkerverständigung, also um Frieden zu wahren oder Konflikte zu lösen. Auch in unserem Fall ist ein freundliches Miteinander nicht nur deswegen nötig, weil die eine Partei nach dem

Kauf das Produkt hat und die andere Partei nach dem Kauf ihren Lohn: der moralische Umgang miteinander ist *aus sich selbst heraus* begründet – wir tun dies aus dem Prinzip heraus, dass jeder Mensch eine Würde hat und daher das Recht darauf, würdevoll behandelt zu werden.

Mein Anspruch an mich und meine Verkäufer ist also, einen positiven Umgang mit meinen Kunden zu haben und zwar nicht, weil sie Kunden sind, sondern, weil wir alle im selben Boot sitzen. Seien Sie Derjenige, der das Positive und den freundlichen Umgang mit Ihrem Gegenüber startet, und Sie erhalten unerwartet viel Gutes zurück!

Testen Sie es, gleich hier, gleich jetzt.

Wieso wir also im Verkauf (und natürlich nicht nur hier) diese positive Haltung gegenüber unseren potentiellen Kunden einnehmen sollten, liegt nun langsam auf der Hand:

> *Alles, was ich ausstrahle, kommt auf die Weise bei meinem Gegenüber an, wie ich es ausstrahle. Bin ich positiv, wirke ich positiv. Habe ich eine negative Grundhaltung, werde ich auch so wahrgenommen.*

Diese Haltung ist zur Basis meiner Arbeit, meiner Freizeit, ja, meines ganzen Lebens geworden. *Sie* ist die Grundlage meines Schaffens und dies erkennen und fühlen die Menschen, denen ich gegenübertrete.

Die 6-E-Verkaufsstrategie

Entweder du gehst mit der Zeit,
oder
du gehst mit der Zeit!
Henry Ford

Ein neues Verständnis von „Verkaufen" muss her!

Auf der Grundlage der vorab geklärten Definition können wir sehen, dass das negative Bild, das landläufig über den Direktverkauf herrscht, in der Welt *meines* Tür-zu-Tür-Verkaufs und auch der meiner eingelernten Verkäufer nichts zu suchen hat.

Ich bin der Meinung, dass ein *ehrliches Beraten* der (potentiellen) Kunden die Grundlage jeglichen Verkaufens ist. Es geht um die *tatsächlichen Bedürfnisse* der Mitmenschen, dass diese optimal erkannt werden und danach das Defizit mit einem angemessenen Produkt ausgeglichen wird. Wir sprechen von dem „neuen Verkaufen"! Eben dieses „neue Verkaufen" setzen meine Verkäufer tagtäglich mit Freude um und haben sich auf eine kurze Befragung zu ihrer Arbeit und ihrer Haltung dazu eingelassen (hier nur eine Auswahl):

„Verkaufen" bedeutet für mich, eine **Vertrauensbasis** *aufzubauen und dem Kunden offen in die Augen zu schauen.*

Dabei geht es darum, die Firma zu präsentieren und vor allem – ganz wichtig –, man sollte hinter dem Produkt stehen: Wenn **ich** *es bräuchte, dann würde ich es* **selbst kaufen.** *" (Heinrich P., 57 Jahre, Interview 1)*

„Endlich kann ich meine Kompetenzen in entspannten Gesprächen einbringen. Ich habe kein schlechtes Gewissen mehr, die Kunden zu überreden, sondern kann ganz offen mit ihnen auch mal übers Wetter sprechen und sie nach ihrer Gesundheit fragen. Es ist super, zu wissen, dass meine Kunden mir noch Jahre später die Tür gern wieder öffnen." (Renate F., 42, Interview 2)

„Es geht mir darum, das **richtige Produkt** *zu verkaufen – das, das der Kunde möchte. „Verkaufen" ist eine* **Einstellungssache,** *es muss eben „klick" machen im Kopf, dann kann es jeder machen. Für mich fühlt es sich wie eine Berufung an, mich hat es direkt in den Verkauf hineingezogen, jeden Tag passiert etwas anderes. Die Abwechslung, der Kundenkontakt, die frische Luft, Dummbabbeln, eine Art* **Lebensgefühl.** *Bei manchen ist es ja so, dass bei denen ein Film losgeht, wenn sie zur Arbeit gehen und dort anders sind als daheim. Beim Verkaufen* **muss ich mich nicht verstellen,** *ich kann so sein, wie ich auch daheim oder anderswo bin." (Patrick S., 26, Interview 3)*

*„***Persönliche Entfaltung,** *Kontakt mit Personen, ich sehe was von der Welt bzw. von der Umgebung. „Verkaufen" bedeutet für mich Nicht-Gebundensein, ich kann meinen eigenen Tagesrhythmus bestimmen (...)." (Dieter K., 56, Interview 4)*

Hier fallen nicht nur die durchweg positiven Aspekte auf, die sich durch die Tatsache erklären lassen, dass selbstverständlich jeder Befragte seine Arbeit, und damit auch sich selbst, gerne positiv darstellt. Die Befragten sehen aber darüber hinaus in ihrer Arbeit noch weitaus mehr, als nur die reine Verkaufsorientierung. Aus den Interviews[17] können wir überblicksartig folgende Kernaussagen ableiten:

1. *Kompetenz*: Die Befragten haben das Bedürfnis, ihr fachliches Know-How anbringen zu können. (siehe I.2, I.3)

2. *Authentizität, Transparenz*: Die Befragten verlangen zu aller erst von sich *selbst*, hinter dem Produkt bzw. dem Unternehmen zu stehen, bzw. sich damit zu identifizieren. Daher können sie dann wichtige Daten und Fakten unverschleiert offenlegen und haben dabei ein gutes Gewissen: Der Verkäufer wird so zum Ehrlichkeitsmerkmal des Unternehmens, denn er bürgt moralisch selbst für das Produkt und den Namen. (siehe I.1, I.2, I.3 und I.4) Selbstverständlich ist für alle hier genannten Punkte ein gutes Produkt maßgeblich. Ich muss nicht erwähnen, dass ein Verkaufsgespräch mit schlechten Produkten zwar erfolgreich im herkömmlichen, aber nicht in unserem Sinne verlaufen kann! Wer also die Entscheidung trifft, bei seiner Anstellung zu bleiben und mit seinen Produkten zufrieden ist, spiegelt dies auch im Gespräch wider. Sollten Ihr Bauchgefühl jedoch gegen die Produkte sprechen, die Sie verkaufen, wissen Sie ganz genau, was zu tun ist!

3. *Einstellung*: „Verkaufen" wird zur Einstellungssache bzw. Lebensgefühl; es ist weit mehr als rationales Handeln zum Zweck der Gewinnmaximierung – es ist ein „Gefühl", das man in sich und mit sich an den Kunden heranträgt. Genauso wichtig werden die Faktoren *Menschlichkeit*, *Vertrauen* und *Ehrlichkeit* von den Befragten eingestuft. (siehe I.1,

I.3)

4. *Das sportliche*[18] *Element*: ein wenig reizt es
uns alle – besser zu sein, als die anderen. Mit
diesem Antrieb zu Höchstleistungen innerhalb der
moralischen Normen zu kommen, ist unser Ziel.
(siehe I.2)

Dieses neue Verständnis vom Verkauf will ich Ihnen nun im Folgenden präsentieren und Ihnen die
Anwendung näherbringen. Scheuen Sie sich nicht,
die einzelnen Stufen selbstbewusst in die Praxis umzusetzen – es kann nur noch besser werden!

Der Aufbau der 6-E-Verkaufsstrategie

Die 6-E-Verkaufsstrategie enthält die oben genannten Merkmale und verbindet sie zu einer Strategie
erfolgreichen Verkaufens. Diese Strategie fußt bildlich auf einer Treppenstruktur mit sechs Stufen, die
man *hinaufgeht*. Dabei ist jede einzelne Stufe genauso wichtig wie jede andere.

Wenn wir eine Treppe hinaufgehen und nicht gerade in Eile sind, benutzen wir jede Treppenstufe. Als
mir über die Jahre hinweg diese Struktur bewusst
wurde, und sich meine Verkaufsquoten langsam ver-
besserten, wollte ich genau wissen, welche Schritte,
also welche Stufen, ich da eigentlich benutzte, aber
auch, wo sich die strategischen Fehler versteckten.

Ich entschloss mich dazu, aufzuschreiben, welche Schritte diejenigen waren, die ich immer wieder
regelmäßig anwendete, um dadurch herauszufinden,
was diese Schritte – im Positiven und im Negativen
bewirkten. Konnte ich sehen, dass sie mich zum Erfolg führten, nahm ich sie in mein Konzept auf. Er-

kannte ich, dass sie nachteilig sind, versuchte ich, diese Fehler nicht zu wiederholen. Aus dieser Vorgehensweise formten sich im Laufe der Zeit mehrere Bereiche, die abhängig voneinander waren. Für die Praxis geschaffen und unzählige Male erprobt und bestätigt finden Sie nun den Weg zum Erfolg geschildert in der 6-E-Erfolgsstrategie-Treppe!

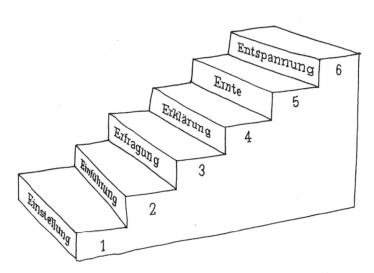

Der Aufbau der 6-E-Erfolgsstrategie, Abb.1

Lange habe ich mich gefragt, wieso meine Verkäufe insgesamt zwar akzeptabel sind, aber nicht florieren und sich z.B. ein Kunde nicht auch noch für zusätzliche Produkte entschieden hat.

Den größten Fehler, den Sie machen können, ist zum Termin zu kommen, hereingebeten zu werden und dann sofort loszulegen.

Lassen Sie sich nicht *zum Tatort führen.*
Dies ist noch nicht der Zeitpunkt für Erklärungen und Fachwissen!

Die meisten Termine werden durch zu schnelles Vorgehen oder Überspringen von wichtigen Schritten nicht geschrieben!

Wir sind jedoch daran interessiert, unseren Verkauf bis zu unserem persönlichen Maximum zu bringen und unser eigenes Limit immer höher zu setzen. Verinnerlichen Sie die Abfolge der Stufen als professionellen Leitfaden und wenden ihn an, können Sie jederzeit darauf zurückgreifen und es kann ab diesem Zeitpunkt nur noch bergauf gehen!

Aber was genau sagen uns diese Stufen nun, außer, dass wir nun wissen, sie nacheinander hinaufzugehen?

Einstellung

Ihre innere Einstellung zum Leben, zu Ihrem Beruf und zu Ihren Kunden ist die Grundlage dafür, ob die 6-E-Verkaufsstrategie überhaupt erst beginnen kann. Allgemeiner formuliert ist ihre Haltung und Einstellung (neben einigen anderen Faktoren) gegenüber einem Ziel o.Ä. *immer* maßgeblich für die Erreichung desselben. Denken Sie, Sie werden jene Hürde sowieso nicht meistern, schaffen Sie es auch nicht. Denken Sie positiv und glauben an sich, können Sie

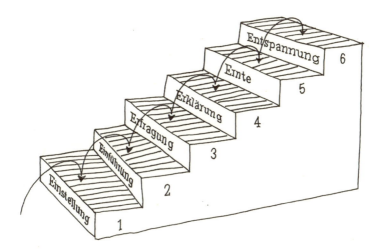

Stufenreihenfolge der 6-E-Erfolgsstrategie, Abb. 2

es schaffen. Die Einstellung ist demnach zwar keine sichere Bank, aber die halbe Miete!

Einführung

Mit der richtigen Einstellung wollen Sie nun mit dem potentiellen Kunden ins Gespräch kommen und die sogenannte Warm-up-Phase (Warmlauf-Phase), die meistens nur ein paar Minuten dauert, starten. In dieser Einführungs-Phase, genau in diesen Minuten – es sind die ersten, in denen Sie dem Kunden gegenüberstehen! – wird sich der Kunde *gegen* oder *für* Sie entscheiden. Die *Einführung* des erfolgreichen Verkaufsgespräches kann problemlos bis zu 2 Stunden gehen! Aus Erfahrung kann ich sagen: je länger, desto besser.

Erfragung

Wer fragt, der führt. Ein guter Verkauf ist davon abhängig, ob wir die Bedürfnisse des Kunden erken-

nen können. Wichtige Fakten zu erfragen, z.B. das
Baujahr bzw. den Zustand des Gebäudes, ist maßgeblich. Leider sprudelt nicht sofort jeder Kunde mit
vermeintlich problematischen Informationen heraus
(Baujahr 1912, bisher nur einmal saniert) – Unange-
nehmes wird lieb zurückgehalten.
Daher ist der Wohlfühlfaktor für ein entspanntes Gespräch von unschätzbarer Wichtigkeit. Mit
den richtigen Fragen schaffen wir eine angenehme Atmosphäre und durch das dazugehörige *akti-
ve* Zuhören nehmen wir den Kunden ernst. Dieses
(Nach-)Fragen hat stets das Ziel, die tatsächlichen
Bedürfnisse und Probleme des Kunden zu erfahren,
um ihm mit unserer Produktpalette die richtige Lösung anbieten zu können. In dieser ersten *aktiven*
Phase der *Erfragung* geht es also um den Informa-
tionsgewinn. Jede Art und jede kleinste Information
könnte (wenn nicht jetzt schon) zu einem späteren
Zeitpunkt wieder wichtig werden, weswegen wir in jedem Fall so viel wie möglich abspeichern.
Erkennen wir ein Defizit bei unseren Kunden und
sind dazu in der Lage, dieses mit einem unserer Produkte auszugleichen, verkaufen wir an diesem Termin sicher! Aber bitte bedenken Sie:
Kein Verkaufen um jeden Preis! Kein Verkauf
bei Anzeichen von Verschuldung oder vergleichbaren
misslichen Lagen. Wir nutzen keine Nachteile aus –
wir verschaffen Vorteile!

Erklärung

Viele werden sich langsam gefragt haben, wann Sie
endlich mit Ihrem Fachwissen auftrumpfen können,
wann denn endlich die Produkte präsentiert werden.
Erst jetzt, nach Einführung und Erfragung, folgt die
Produkt- und Firmenpräsentation. Jetzt darf Ihr Ge-

dächtnis zeigen, wie viel Kapazität und Detailwissen es hat. Natürlich ist es auch vollkommen legitim, wenn Sie sich während der vergangenen Phasen wichtige Details auf Papier notiert haben. Professioneller ist es aber – und das ist unser Anspruch – sich dies gemerkt zu haben.

Sie wenden nun Ihre Produktpalette auf das herausgearbeitete Problem des Kunden an, bzw. haben schon erkannt, welches oder welche Produkte am geeignetsten sind. Außerdem verwenden Sie nur *die* Merkmale des Produktes zur Erklärung, die dem Kunden die Dringlichkeit genau dieses Produktes deutlich macht.

Ernte

Haben Sie sich bisher an die Reihenfolge der Stufen gehalten, folgt – zumindest in vielen Fällen – das *Ernten*. Auch die 6-E-Treppe kann Sie nicht immer im Durchmarsch zum Ziel führen.

Ein Profi-Verkäufer möchte bei der entscheidenden Frage mindestens zweimal ein „Nein" hören, denn Verkaufen hat, wie schon erwähnt, auch etwas mit sportlicher Herausforderung zu tun.[19] Wie Sie vorgehen müssen, wenn Sie dieses „Nein" erhalten, besprechen wir später noch ausführlich; lassen Sie sich aber gesagt sein: nach dem „Nein" geht es erst richtig los! Im besten Fall können Sie nun jedoch den Auftrag schreiben.

Entspannung

Sie packen Ihre Sachen und gehen.

Nein! Ihr Verkauf und auch das Verkaufsgespräch an sich sind und sollen niemals ein einseitiger Profit sein oder zu unbehaglichen Gefühlen führen. Haben Sie gerade den spannenden Moment des Auftrag-Schreibens überstanden, sind Sie beide – der Kunde und Sie – wahrscheinlich erschöpft und froh zugleich. Wenn Sie jetzt einfach gehen, kommt dieses Verhalten auf der zwischenmenschlichen Ebene einer Beleidigung gleich. Sie kehren deshalb zu einem entspannten Gespräch zurück, das die große Anspannung des Unterschreibens auflockert und leiten so den Abschied ein.

Wenn Sie diese Abfolge verinnerlichen, steht Ihnen im Verkauf nichts mehr im Weg. Arbeiten Sie zusammen mit Kollegen oder Mitarbeitern, die beim Gespräch auch vor Ort sind, muss der Gesprächsverlauf trotzdem genau diese Struktur der 6-E-Erfolgsstrategie zeigen. Die Strategie ist sogar dann Erfolg bringend, wenn einer von Ihnen später zum Termin erscheint, dann aber auf der Stufe des Gesprächs einsteigt, auf der Sie sich befinden. Sie können auf genau dieser Stufe unterstützt werden, denn Sie sprechen dieselbe Sprache.

1. Die Einstellung – Grundlage der 6-E-Erfolgsstrategie

> Man kann nicht in die Zukunft schauen,
> aber man kann den Grund für etwas Zukünftiges legen –
> denn Zukunft kann man bauen.
> *Antoine de Saint-Exupéry*

Sie wollen verkaufen!

Im Beruf des Verkäufers müssen Sie verkaufen wollen. Wow, welch Weisheit! Natürlich wissen Sie das, denn das ist der Inhalt Ihrer Arbeit. Warum hänge ich denn dann dieses Kapitel daran auf? *Sie müssen verkaufen wollen.* D.h. Sie müssen *wollen*, dass Sie erfolgreich sind, es dauernd und immer wollen, „erfolgreich *sein*" ist hier gleichbedeutend mit „erfolgreich *verkaufen*".

Ihre positive Einstellung

Machen Sie sich Ihre Ziele und Wünsche bewusst, notieren Sie sie klar und deutlich auf Papier, je konkreter, desto besser. Sie sind dem Leben gegenüber positiv eingestellt, nehmen Hürden einfach und meistern auch schwierigeres Gelände nicht mit depressiver Stimmung, sondern motivierendem Antrieb immer ausgerichtet auf Ihre Ziele. Ihre positiven Ziele treiben Sie an. Und sie sind deswegen positiv, weil es *Ihre* Ziele sind, das was *Ihnen* wichtig ist und Sie bewegt. Hoffen Sie nicht nur, dass irgendwann alles gut wird; wenn Sie jetzt nichts weiter machen, als abzuwarten und Tee zu trinken, werden Sie Rückschritte machen; Stillstand ist Rückschritt.[20] Geben Sie Gas und haben eine gute Einstellung, können Sie Ihr momentanes Niveau wahrscheinlich über längere Zeit halten, Ihr Fortschritt (im Kleinen) wird Stillstand sein. Wollen Sie aber wirklich Veränderung, Fortschritt, Erfolg und Glück im Leben, *müssen* Sie alle Ressourcen fordern; Ihr Fortschritt (im Großen) wird wahrer Fortschritt und Veränderung sein![21]

Halten Sie daher nicht nur Ausschau nach Positivem für Sie, sondern halten Sie sich auch Negatives vom Hals – das kann bei jedem etwas anderes sein – suchen Sie aber auf keinen Fall die Fehler bei anderen, sondern reflektieren Sie über sich selbst und Ihr Veränderungspotential.

Sind Sie von Ihrer Firma überzeugt? Sind Sie das nicht, kann ich Ihnen versprechen, dass es für Sie schwierig werden wird, eine super Einstellung zu bekommen, denn einer der Hauptfaktoren guter Laune ist das tägliche Bewusstsein darüber, für eine gute Firma mit guten Produkten zu arbeiten. Wenn Sie zu einem Termin fahren, müssen Sie davon überzeugt sein, dass Sie den Termin auch schreiben. Sie fahren mit dem klipp und klaren Ziel dorthin, den Auftrag zu schreiben. Sie wissen, dass Sie es tun werden! Sie laufen auf ein Haus zu, sehen die Haustür oder die Fenster und wissen, dass Sie verkaufen werden,

Sie denken sich: „Dieser Hausbesitzer bekommt jetzt von mir eine neue Haustür!"

Wer sich einmal zu Gemüte führen möchte, wie ich mir diese gute Laune aufgrund meiner super Firma vorstelle: der Auftritt des Microsoft-Chefs Steve Ballmer auf Youtube („Steve Ballmer going crazy") ist das perfekte Beispiel dafür!

Sie müssen also von Ihrer Firma überzeugt und begeistert sein. Natürlich kann nicht jeder und jede VerkäuferIn im Land bei der besten Firma arbeiten. Objektiv gesehen. Subjektiv schon und wenn Sie stolz auf Ihre Firma und Ihre Produkte sein können, ist das der beste Start in den Tag. Ich renne jeden Morgen wie der Chef von Microsoft schreiend durch mein Häuschen im Kraichtal.

„I LOVE MY COMPANY".[22]

Wie kann es denn auch anders sein als täglich die beste Laune zu haben, wenn man bei einer Firma arbeitet, die eine derartig humane Mitarbeiterpolitik wie HEIM & HAUS hat. Wenn mir so viel ungefragt gegeben wird, dann ist es meine Verpflichtung, für diese Firma mein Bestes zu geben. Genau diese positive Einstellung und Verbindung zu Ihrer Firma strahlen Sie aus, wenn Sie zu Ihren Kunden kommen. Leider strahlen wir unsere negative Einstellung ebenso aus – und daran gilt es zu arbeiten!

Menschenkenntnis und Kommunikation

Sie müssen Ihre Mitmenschen verstehen (wollen), wofür Sie erst einmal sich selbst besser verstehen müssen. Warum? Sie suchen ja keine Freunde im Beruf, denken Sie sich vielleicht. Nein, nicht unbedingt, dies ist auch kein Ratgeber, wie man am freundlichsten mit Menschen umgeht. Aber das Buch stellt fest, dass Menschenkenntnis und die freundliche Einstellung mit entsprechender Kommunikation *dabei helfen* zu verkaufen. Warum dann also nicht etwas über sich selbst und die Menschen um sich herum lernen?[23]

Für all dies, müssen wir die positivste Einstellung haben, die es nur gibt. Strategisch werden wir nun allerdings so vorgehen, dass wir hier mit dem Einstellungskapitel aufhören und erst ganz am Ende des Buches noch einmal darauf zurückkommen. Die Stufen 2-6 werden nun ausführlich behandelt. Nach der Klärung dieser Stufen betrachten wir die Einstellung am Ende des Buches noch einmal genauer.

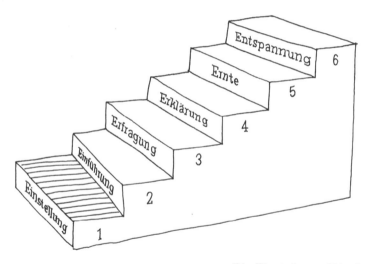

Die Einstellung, Abb. 3

Wenn uns die Strategie klar ist, nehmen wir die Basis hinzu!

Bitte verstehen Sie die sechs Stufen aber nie als Dogma. Die Stufen sind ein idealtypischer Ablauf mit zugehörigen Handlungsanweisungen, die in der Praxis – der Empirie – den größten Erfolg gezeigt haben. Wenn Sie allerdings – auf welcher Stufe auch immer – bemerken, dass Sie schon die nächste Stufe „ankratzen" können, oder vielleicht zurückmüssen: tun Sie es! Die 6-E-Erfolgsstrategie ist kein starrer Gesetzestext, sondern muss auf Ihre Kunden angepasst werden! Und *das* ist doch die Herausforderung, die dem Profi-Verkäufer unglaublich viel Spaß macht!

2. Die Einführung

Das Geheimnis des Erfolges ist,
den Standpunkt des anderen zu verstehen.
Henry Ford

Sie stehen vor der Haustür und klingeln. Spannung. Spiel. Und Spaß erwarten Sie. Hoffentlich. Aber, wie schaffen Sie bloß den Einstieg, den Sprung an den Wohnzimmertisch, vielleicht sogar den Abschluss?

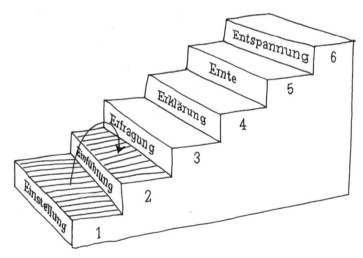

Schritt auf die Einführungsstufe, Abb. 4

Die ersten zehn bis zwanzig Minuten verwenden wir fast ausschließlich dafür, uns gegenseitig kennenzulernen. Wie in jeder anderen menschlichen Situation auch, in der zwei Fremde zusammenkommen, herrscht noch kein Vertrauen, keine Art von Annäherung, denn das Wissen über das Gegenüber reicht einfach noch nicht aus, sich zu öffnen oder miteinander Dinge zu teilen. Und genau darauf kommt es an!

Auf der Einführungsstufe, der zweiten Stufe, aber der ersten *Aktions*stufe der 6-E-Verkaufsstrategie, geht es also noch nicht um eine Problem-Erfragung oder sogar Produktpräsentation, sondern *nur* und vor allem um das Annähern zwischen Verkäufer und Kunde/Kundin. Man könnte meinen, in einem Verkaufsgespräch haben Dinge, die nicht direkt mit dem Verkauf zu tun haben, nichts zu suchen; das sei unprofessionell. Unprofessionell dagegen ist tatsächlich, mit dem Kunden ein Geschäft einzugehen oder eingehen zu wollen, *ohne* relevante Informationen von ihm/ihr erhalten zu haben, die für z.B. die Wahl des Produktes, oder die Zahlungsweise wichtig sind.

Bevor wir nun zu den 6 wichtigsten Regeln des Beziehungsaufbaus übergehen, möchte ich einen Faktor vorab nennen, den Sie niemals unterschätzen dürfen.

Die Tür geht auf

Kommunikation besteht nicht nur aus einer Botschaft (ich – Produkt – du – Kauf), sondern auch aus der Verpackung, das weiß jeder. Die Verpackung, oder auch die Art und Weise, *wie* Sie etwas übermitteln, trägt maßgeblich zu Ihrem Erfolg bei. Führen Sie daher Ihr gesamtes Gespräch im wahrsten Sinne des Wortes mit *offenen Augen* (und natürlich Ohren), sehen Sie Ihrem Gegenüber in die Augen. Dies kann

schon im Moment des Türe-Öffnens über Erfolg oder
Misserfolg entscheidend sein! Denn Sie bekunden
damit Interesse am anderen Menschen, sind gewillt,
dem anderen zuzuhören und sind automatisch ein
besserer Gesprächspartner. Selbst, wenn Sie das
momentan noch nicht gewohnt sind oder sich davor
bisher gescheut haben, werden Sie sehen, dass sich
im Gespräch vieles einfacher gestaltet, wenn Ihre
Kunden merken, dass Sie Ihnen gegenüber *offen*
sind. Die Devise lautet daher:

> Blicken Sie mit offenen Augen in die Welt,
> und sie wird sich Ihnen öffnen.

Die Tür bleibt zu

Einer der größten Fehler, den Sie vermeiden sollten, ist die Strategie des Stufensparens – oder anders ausgedrückt, des Minimalismus, des Zeitspa-
rens. Eine Treppe nach oben zu gelangen, ist zwei-
felsohne auch mit Sprüngen möglich. Viele Verkäufer
verzeichnen auch mit anderen Strategien Erfolg. Sie
brechen aber sehr wahrscheinlich keine Verkaufsrekorde und haben vor allem keine langfristig zufriede-
nen Kunden. Die Basis (abgesehen von Ihrer Einstellung) ist das *Vertrauen des Kunden*, das wir in der
Einführungs- und Erfragungsphase aufbauen müssen.
    Kommen Sie also beim Verkaufstermin an und
lassen sich zum Tatort führen, wollen mit Ihrem Fachwissen direkt neben dem Dachfenster und mit Ihren Mustern auftrumpfen, können Sie eigentlich auch
gleich wieder einpacken.

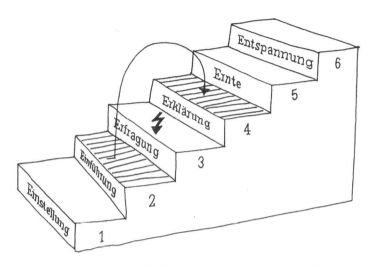

Fehlerhafter Sprung von 2 nach 4, Abb. 5

Machen Sie auf keinen Fall den Fehler, zu wenig Vertrauen aufzubauen (Einführungsstufe), die Erfragung der individuellen Situation des Kunden zu kurz oder gar nicht zu berücksichtigen (Erfragungsstufe), sondern sofort zur Erklärung des Produktes überzugehen. Überspringen Sie oder laufen die Treppenstufen zu schnell ab, ist das der sichere Weg zum schnellen Ende *ohne* Verkauf! Vergewissern Sie sich jeder Stufe und jeden Inhalts, gehen Sie *in jedem Fall* der Reihe nach vor![24]

Die 6 Regeln des Beziehungsaufbaus[25]

Wir dürfen nie vergessen, dass wir als Verkäufer in einem Verkaufsgespräch und auch in der Terminanbahnung in einem Dialog stehen. Vor allem ist das ein Dialog unter *Menschen*. Ja, Kunden sind Menschen! Das vergisst man gerne mal.

1. Suchen und schaffen Sie Gemeinsamkeiten.
2. Nutzen Sie die einmalige Chance des ersten Eindrucks.
3. Sprechen Sie Ihre Kunden immer mit dem Namen an.
4. Zeigen Sie ein ehrliches und authentisches Interesse an der Person und an dem, was sie beschäftigt. Holen Sie sie dort ab, wo sie steht.
5. Bewahren Sie Ihre Individualität und Authentizität und seien Sie mutig, Ihren eigenen Verkaufsstil zu entwickeln. So bleiben Sie sich selbst treu und glaubwürdig.
6. Stellen Sie gute und kluge Fragen – hören Sie aber noch besser zu.

Verkaufen ist eigentlich nichts anderes, als das normale Leben, wenn man sich kennenlernt und sich Sympathien entwickeln. Wie lernt man seine Traumfrau kennen?

2.1 Zusammenfinden oder nicht?

In einem Restaurant, 20.00h, Ihr Rendezvous tritt über die Schwelle und Sie sterben vor Aufregung. Jetzt bloß nichts Falsches sagen – hoffentlich haben wir Gemeinsamkeiten... Ein zweites Date wird sehr wahrscheinlich nur dann stattfinden, wenn beide den anderen *nett* fanden und sich noch Steigerungspotential erhoffen. Aber was bedeutet es denn, jemanden *nett* zu finden?!

Jemanden *nett* finden heißt nichts anderes, als sich mit ihm identifizieren zu können, weil man z.B. derselben Meinung über ein wichtiges Thema ist. Je mehr Übereinstimmungen es bei zwei Kommunizierenden gibt, desto *besser verstehen* sie sich, desto näher stehen sie sich in ihren Ansichten und auch emotional. Man möchte selbstverständlich lieber Menschen um sich haben, die ähnlich denken wie man selbst, die einem nicht dauernd widersprechen oder ganz anders gelagerte Interessen haben. Genau das ist der springende Punkt.

Bedienen wir uns hilfsweise eines Klischees in unserem Restaurant-Beispiel, um dann zum nächsten Punkt zu kommen: die Dame in unserem Beispiel wäre wohl eher abgeneigt, noch ein zweites Date über sich ergehen zu lassen, wenn der Herr ihre Liebe für Tiere als kindisch abtut, er hat sich *gegen* sie gestellt. Aber auch der Herr hätte wahrscheinlich weniger Lust, noch einmal Zeit zu investieren, wenn die Dame seine Leidenschaft für ferngesteuerte Miniaturflugzeuge als lachhaft abtut. Und tschüss! Und genauso läuft das – zwischenmenschlich – bei einem Verkaufstermin!

Auf der Einführungsstufe also, die mindestens 15 Minuten dauern sollte, aber auch bis zu 2 Stunden gehen kann, gilt es, Beziehungsaufbau zu leisten. Haben Sie hier eine offene Art, öffnet sich der Kunde und je besser dieser Teil der 6-E-Verkaufsstrategie läuft, desto größer wird das Vertrauen. Wenn Sie sich am Anfang des Gesprächs befinden, möchte Ihr Gegenüber kein Fachwissen an den Kopf geschleudert bekommen, es möchte ein entspanntes Gespräch und verstanden werden.

Gemeinsamkeiten können in einem lockeren Einführungsgespräch aus allerlei Themen bestehen, denn so vielfältig wie die Menschen, sind auch ihre Hobbys, Berufe und ihr Umgang mit ihrem Haus/der Wohnung etc. Versuchen Sie, Gemeinsamkeiten nicht zu erfinden, sondern in den Bereichen, in

denen eine Übereinstimmung besteht, einzusteigen.
Haben Sie durch den Smalltalk einige Punkte her-
ausgefunden und Ihr Gegenüber darin bestärkt (z.B.
„Oh ja, der FCB hat mal wieder genial gespielt!"), be-
ginnt Ihr Gegenüber sich in Ihnen zu sehen, Sie als
Gleichgesinnten wahrzunehmen und zu akzeptieren.
Nochmal etwas allgemeiner formuliert:

Der Mensch baut sich im Laufe des Lebens seine Identität und Zugehörigkeit zu einer und mehre-
rer Gruppen auf, die sich durch bestimmte Muster
und Merkmale definieren. Alles, was außerhalb dieses Musters liegt, ist dem Menschen zunächst fremd
(je nach Grad der Antihaltung bleibt das Außenlie-
gende immer fremd, denn man lernt es nie kennen).
Findet ein neuer Kontakt statt, versucht der Mensch
herauszufinden, ob das Gegenüber *in* oder *außerhalb* seiner *Gruppe* ist. Der (erste!) Eindruck ist dann
meistens ausschlaggebend für die Einstufung (‚einer
von meinen', oder ‚irgend so ein komischer Kauz'),
und alle späteren Handlungen des Gegenübers werden in diesem Licht bewertet.

Finden Sie Gemeinsamkeiten, rücken Sie dem
akzeptierten Personenkreis der Kundin/des Kunden
näher und erhöhen so die Wahrscheinlichkeit eines
Abschlusses!

2.2 Der erste Eindruck und die Starrheit des Geistes

Es gibt keine Chance für einen zweiten Eindruck.
Den brauchen Sie auch nicht, denn alles, wofür Sie
sorgen müssen, ist ein gepflegtes Äußeres. Naja, so
einfach ist es nicht. Z.B. kann auch der von Ihnen zu-
geparkte Parkplatz des Kunden zum Ärgernis führen.

In dem Moment, wenn wir klingeln, und uns hoffentlich die Tür geöffnet wird, entscheidet sich unglaublich viel. Spontane Sympathieschaffung ist dann ausschlaggebend. Ihr Äußeres muss stimmen (machen Sie das auch vom Termin abhängig; welches Klientel bedienen Sie in welcher Gegend etc.), Ihre Haltung (Sie sind kein kleines scheues Reh), Ihre selbstbewusste, positive Ausstrahlung. So schaffen Sie es, im Ess- oder Wohnzimmer Platz nehmen zu dürfen. Lassen Sie sich auf keinen Fall schon an den Ort des Geschehens führen (z.b. zu den Dachfenstern). Da sind Sie zu diesem Zeitpunkt fehl am Platz. „Wo darf ich meine Tasche abstellen?" Und ab ins gemütliche Gespräch!

Ihr Gesichtsausdruck ist vor allem im Augenblick der Begrüßung maßgeblich für die intuitive Einschätzung des Kunden. Nimmt sie/er Sie positiv wahr, sind Ihre Chancen erhöht. Wenn Sie Stress haben, in Hektik sind und dann zum Kunden kommen, fühlt sich Die- oder Derjenige mit Ihnen nicht wohl! Wie auch! Testen Sie gleich das wissenschaftlich erwiesene Phänomen des Lachens bzw. Lächelns[26] an sich selbst und lächeln Sie drauf los – für 1 Minute. Auch wenn sich keine Probleme von Geisterhand gelöst haben, hat doch Ihr Körper darauf reagiert, genauer gesagt, Ihr Gehirn auf Ihr Lächeln und Glückshormone werden automatisch ausgeschüttet. Tricksen Sie sich also ruhig mal selbst aus, schaden kann *das* sicherlich nicht!

2.3 „Wie wird Ihr Name richtig ausgesprochen?"

Sprechen Sie den Kunden mit seinem Namen an. Dafür sollte Ihnen der Name allerdings auch bewusst sein. Wenn Sie den Namen des Kunden aussprechen, passiert psychologisch der einfache Effekt, sich angesprochen zu fühlen. Und genau das wollen Sie – die Aufmerksamkeit, Offenheit und Bereitschaft Ihres Gegenübers. Ist der Name kompliziert, fragen Sie lieber nach dessen Aussprache bzw. seiner Schreibweise.

Wenn Sie ein bisschen Glück haben, hat der/die Angesprochene sogar einen außergewöhnlichen oder seltenen Namen, beschäftigt sich deswegen vielleicht mit Ahnenforschung und kann und will Ihnen sogar sofort den recherchierten Stammbaum bis in die Verästelungen des 13. Jahrhunderts präsentieren. Bei Kaffee und Gebäck, versteht sich. „Frau InteressantesHäubchen, Sie haben aber einen außergewöhnlichen Namen, wo kommt der denn her?" Und schon geht's los! Am Küchentisch eben, und nicht am Dachfenster, wie schon vorher erwähnt.

Sie können natürlich mit der Strategie, den Namen oft zu nennen, auch in ein Fettnäpfchen treten und dies eben gleich mehrfach. Herr Schroth findet es weder lustig noch kaufanimierend, wenn wir ihn geschätzte 50x mit „Herr Schrott" ansprechen.

Auf der anderen Seite gibt es aber nichts Schlimmeres, als den ganzen Verkaufstermin auszusitzen, *ohne* den Namen des Kunden zu kennen. Je nach Branche kann in einigen Fällen ein Beratungscheck helfen, den man mit an den Tisch nimmt und den Name einträgt. So haben Sie ihn vor Augen und können immer wieder darauf zurückgreifen. Werden Ihre Termine telefonisch ausgemacht und können Sie sich in der Vorbereitung darauf den Namen beim besten Willen nicht merken, helfen Eselsbrücken, die Sie sich bildlich vorstellen (Herr Schroth und seine Flinte).

2.4 Die Befreiung vom Schleim

2.4.1 „Sie haben da aber einen süßen Hund!"

Wenn Ihnen gerade ein Riesenviech entgegenstürmt, das Ihnen durch sein Bellen klarmacht, dass Sie noch geschätzte 5 Sekunden zu leben haben, ist eher die Flucht als ein schleimiges Kompliment angesagt. Komplimente sind wichtig, aber Ihr Gegenüber ist – pardon – eben ein Erwachsener und kein Wesen mit Milchtüten-IQ, sie oder er merkt *natürlich*, dass Sie diesen Hund nicht *süß* finden, während dieser schon einen Ihrer Hosenbeine angenagt hat.

„Oh, Ihr Haus ist aber schön!" Sie sind doch kein höflicher 8-Jähriger. „Das sind aber schöne Fotos!" Wirklich präzise beobachtet. Wenn Sie Komplimente machen, meinen Sie sie auch ehrlich und drücken sich vor allem nicht ungenau und allgemein aus, so dass dieses Kompliment jeder machen könnte. Floskeln sind hier nicht nur unerwünscht, sondern sind sogar kontraproduktiv, da Ihr Gegenüber sich genau das denkt: ‚Na klar, der Vertreter! Das hat er bestimmt auch schon an der letzten Haustür gesagt! ‘

Wichtig ist hier: Sie müssen sich nicht zwingen, alles Lobenswerte auszusprechen. Nicht alles, was wahr ist, muss gesagt werden. Auf der anderen Seite gilt aber auch, dass das, *was* Sie sagen, wahr sein muss. Nicht, weil ich Angst um Ihre Seele im Fegefeuer habe, sondern, weil Sie mit Ihrer Authentizität immer punkten und der Kunde eine Lüge immer irgendwie spürt. Sei es, weil Sie während des Kompliments Ihre Augen nach unten richten, oder, weil Sie sich ein wenig wegdrehen. Für das Schwindeln gibt es unzählige und vielfältige Anzeichen, die Ihnen der Kunde natürlich auch wieder unterschiedlich auslegt.

Merkt er allerdings, dass das Gesagte eine „Schleim-Lüge" ist, können Sie es vergessen und der Schloss-hund wird freigelassen.

2.4.2 Männer und Details

Einer der schon zum Inventar von HEIM & HAUS gehörenden Mitarbeiter bat mich eines Tages mit ihm klingeln zu gehen. Er wollte meinem Geschwafel von positiver Einstellung und meinen Stufen nicht so Recht glauben und das mal mit eigenen Augen mit-erleben. Eines Mai-Vormittags hatten wir dann drei Stunden in unseren Terminplanern gefunden, die wir zusammen im Bezirk verbringen wollten.

Im Vorgarten des ersten Hauses standen fünf wunderschöne, riesige Rosenstöcke. Offensichtlich wurden sie gut gepflegt, denn diese Gewächse – ha-be ich mir sagen lassen – seien biestig und wüchsen nicht einfach so wie man das möchte. Ich klingelte, mein Kollege sah mir dabei zu. Die Tür ging auf, eine ältere Dame schaute heraus. Ich berichtete ihr von meiner Verblüffung über die wunderschönen Rosen-stöcke und dass sie das super hinbekommen hätte. Ich habe das wirklich ernst gemeint und das hat sie mir angemerkt. Ich war glaubwürdig. Sie trat heraus und erklärte mir, wie die Stöcke hießen, welcher da-von der älteste (35 Jahre alt!) sei und welchem sie welche Pflege gönne.

Mein Kollege sehnte sich schon nach einer Ziga-rette, die er höflicher Weise nicht in ihrem Vorgarten einnahm. Man merkte ihm aber sichtlich seinen Un-mut, länger zu warten, an, denn in der Zwischenzeit waren mindestens 10 Minuten neben den Rosenstö-cken vergangen. Die Dame ging sogar noch weiter und beschloss kurzer Hand, mir von dreien der Stö-cke eine Rose abzuzwicken, damit ich abends bei meiner Frau auftrumpfen könne. Während des Abschneidens fragte ich die Dame: „Sagen Sie mal, da hinten auf Ihrer Terrasse, da bräuchten Sie doch eine Markise!"

Wir machten einen Termin für zwei Tage später aus und da wurde die Markise von meinem Kollegen dann auch verkauft.

2.4.3 Komplimente sparen

Sehen Sie schon von weitem, dass das Haus, der Garten, die Anlage insgesamt in einem Zustand der Verwilderung ist, und die Puzzlestücke alle zum Gesamteindruck passen, werden die Hausbewohner annähernd sicher bei Ihnen keine Fenster für mehrere Tausend Euro kaufen. Energie sparen, nächstes Haus.

2.4.4 „Ich komme auf Gleis 5 an."

Holen Sie den Kunden dort ab, wo er steht. Gebabbel über das Design bringt niemandem etwas (auch nicht Ihrem Ego), wenn Ihr Gegenüber offensichtlich an Wärmedämmung, Energieeinsparung usw. interessiert ist. Nicht über Bayern München reden, wenn die Wände mit dem VFB gepflastert sind usw. Läuft das Gespräch gut, können Sie dazu übergehen, Fragen in der Wir-Form zu stellen und nicht mehr nur an den Kunden gerichtet: „Meinen Sie, das sollen wir so machen?" Spüren Sie dann, dass ein gutes, fast schon freundschaftliches Verhältnis im Aufbau ist, die Situation passt, das Alter etc., können Sie sogar in die Du-Form übergehen und so ein noch stärkeres Wir-Gefühl aufbauen. Es passiert dann sogar manchmal, dass die Kundin oder der Kunde selbst den Schritt gehen, mir das „Du" anzubieten. Wenn

dies geschieht, Sie auf dieser Ebene des Vertrauens angekommen sind, kann fast nichts mehr passieren, was den Auftrag zerstört. Es wird nicht passieren, dass Ihr Kunde dann Bedenken äußert und sich
zurückzieht – „Nein, nein, ich möchte mir das aber
nochmal überlegen!" Je näher Sie demjenigen stehen, desto schwieriger ist eine Absage! Das kennen
wir alle von Freunden, Bekannten und der Familie.
    Fühlen Sie sich jetzt moralisch in der Patsche?
Denken Sie daran, was unsere moralischen Basis-
Elemente besagen: wir überreden nicht, wir verkaufen gute Produkte und wir verkaufen nur dort, wo es
angebracht ist. Empfindet Sie der Kunde als seinen
Freund und sieht Sie innerhalb seiner Gruppe, *möchte* er Ihr Produkt auch haben, denn er weiß, dass es
gut ist. Sie sind authentisch und haben das rüber-
gebracht. Dieser Link klappt natürlich nur, wenn das
auch so ist!

2.5 Sie sind nur dann Sie selbst, wenn Sie Sie selbst sind...

Damit meine ich Folgendes:
    Ebenso wie Schwindeleien und nicht ernst ge-
meinte Komplimente spürt Ihre Kundin/Ihr Kunde,
wenn Sie sich verstellen und sich in Ihrer eigenen
Haut nicht wohlfühlen. Sie können sich selbst und
Ihr Produkt nicht selbstbewusst vertreten und damit
arbeiten, wenn Sie sich damit und darin nicht wohlfühlen. Arbeiten Sie an Ihrem Selbstwertgefühl, um
dem Kunden selbstbewusst und authentisch gegenüber treten zu können – es wird sich auszahlen!
    Trauen Sie sich dabei auch, nicht wie jeder an-
dere zu verkaufen. Verwenden Sie nicht dieselben
Phrasen und Floskeln, die Ihre Kollegen/Innen ver-

wenden. Was macht Sie aus? Was definiert Sie? Finden Sie es heraus und seien Sie stolz darauf! Mit diesen Charakterstärken treten Sie sicherer auf und haben den entsprechenden Erfolg.

2.6 Keine Löcher in den Bauch fragen, sondern die Lauscher aufsperren

2.6.1 Zuhören-Können ist (k)eine Frage des Geschlechts

Das Vertrauen wächst allerdings nicht – wie meistens falsch angenommen – durch viel Gerede des Verkäufers, sondern weil wir gut zuhören können und die richtigen Fragen zum richtigen Zeitpunkt stellen. Lassen Sie Ihr Gegenüber reden und zwar von sich aus, und Sie werden sehen, dass exakt die Informationen zutage treten, die Ihnen später helfen können zu verkaufen.

Regel:	Je länger der Kunde spricht, desto größer wird sein Vertrauen!

Ich weiß, wir Männer sind nicht sonderlich gut im Zuhören. Erstens bekommen wir meistens gar nicht mit, worum es geht und zweitens wird uns bei viel Gerede schnell langweilig und wir verdünnisieren uns. Aber – nun meine ich auch das weibliche Geschlecht – spannen Sie mal Ihre Lauscher weit auf, und Sie werden sehen, bzw. hören, da blühen Ihnen mehrere Wunder! Denn, was Zuhören bewirken kann, ist unfassbar.

2.6.2 Die Fotogallerie

Eines Tages fuhr ich zusammen mit einem Verkäufer, der in einer anderen Branche gelernt hatte, zu einem Fenster-Termin. Aus dem Auto heraus schätzte ich den Wert des potentiellen Fenster-Auftrags auf 30.000 €. Die Dame bat uns herein, verkündete aber sofort, dass sie sich gegen eine Investition entschieden hatte. „Ganz ehrlich, ich hätte den Termin am liebsten abgesagt, weil ich nichts mehr am Haus machen möchte. Es tut mir Leid, dass Sie jetzt umsonst gekommen sind, Sie müssen sich keine Mühe mehr geben. Ich bin schon zu alt und das kostet bestimmt Unmengen an Geld..." Mein Kollege wollte schon auf dem Absatz kehrt machen, aber ich erwiderte, „Werte Frau TolleHutnadel, das ist gar kein Problem, der Termin war ja unverbindlich und jetzt sind wir sowieso schon da und haben noch Zeit bis zum nächsten Termin, jetzt können wir auch schnell einen Kaffee trinken und machen uns dann wieder auf den Weg." Ich meinte das in diesem Moment wirklich so, Kaffee trinken und weiter. Der Termin war für mich gestorben.

Mein Kollege saß neben mir und wollte es nicht glauben, wollte weiter, wollte *irgendetwas* anderes machen, als hier seine Lebenszeit zu verschwenden. Die Dame schenkte uns also Kaffee ein und dabei bemerkte ich – man hätte auch wirklich blind sein müssen –, dass ihre gesamte Wand mit Familienfotos, vor allem Kinderfotos, vollgehängt war. Es waren aber nicht immer dieselben Personen, sondern bis auf ein paar Ausnahmen immer verschiedene Menschen. Ich fragte Sie stutzig: „Jetzt wollen Sie mir aber nicht erklären, dass das alles Ihre Kinder sind!?" Man stelle sich nun einen ironisch-neckenden Unterton in meiner Stimme vor. „Doch, doch, ganz oben links angefangen sind meine zwei leiblichen Kinder, dann folgen daneben meine 17 adoptierten..." Meine Augen leuchteten, die meines Kollegen dagegen rollten. „Die Kinder darunter sind dann deren Kinder..." Die Tasse Kaffee war verständlicher Weise schnell leer, denn bei geschätzten 35 Menschen gab es viele Zusammenhänge zu erklären. Nach einer halben Stunde ging es dann erst richtig los, denn, dank ihrer Zuhörerschaft fühlte sich die Dame wohl und man hatte das Gefühl, dass ihr leider nicht sehr oft so lange zugehört wurde. Wir erfuhren, durch welche schrecklichen Situationen sie gegangen ist und wie es dazu kam, dass sie so viele Kinder adoptierte, sie hatte sich dadurch sogar das Bundesverdienstkreuz „verdient".

Mein Mobiltelefon vibrierte. „Wann gehen wir endlich???" Mein Kollege schien sich irgendwo zwischen komatöser Langeweile und Wut zu befinden.

Irgendwie hatte ich es zu diesem Zeitpunkt im Gefühl, in den Fingerspitzen, ich weiß nicht wo und ich weiß auch nicht wie, aber ich wusste, dass ich noch an diesem Tag bei dieser Dame einen Auftrag schreiben würde. Ich wusste jetzt ‚Diese Frau will jetzt kaufen! ‘ – Sie halten mich jetzt berechtigter Weise für verrückt; aber nur so lange, wie Sie den Ausgang dieser Story noch nicht kennen!

Es waren annähernd zwei Stunden am Kaffeetisch der Dame vergangen, ich zog den Auftrag aus der Tasche (und hatte meine Schätzung der Fenster im Kopf, ca. 30.000 € aus der Ferne). „Wissen Sie was, Frau TolleHutnadel, mit dem Leben, das Sie hinter sich haben" – Atempause – „mit dem Leben *müssen* Sie sich diese Fenster gönnen! Ich messe jetzt gar nicht aus, weil es sonst teuer wird, ich schreibe jetzt hier 30.000 € in den Vertrag. Ich drehe den Vertrag zu ihr und sie unterschreibt.

Mein Kollege befand sich danach eine Weile in einem seltsamen Zustand zwischen Rausch und Ungläubigkeit. Dabei habe ich doch nur gut zugehört!

„Das Zuhören wurde auch schon als „weiße Magie" bezeichnet. Es übt eine beinahe magische Wirkung auf zwischenmenschliche Beziehungen aus. Es bewirkt, dass sich Menschen entspannen und öffnen. Wenn ein Verkäufer ein ausgezeichneter Zuhörer ist, fühlen sich Kunden in seiner Gegenwart entspannt und sicher. Sie kaufen lieber und öfter."[27]

Im Verhältnis können Sie mit der 70/30-Regel arbeiten: 70% zuhören und 30% selber reden.

2.6.3 Jedem das Seine

Sie können anhand guten Zuhörens und ein wenig Verhaltensbeobachtung leicht herausfinden, mit welchem Typ Mensch Sie es zu tun haben. Wofür dies gut sein kann, muss nun nicht mehr erörtert werden. Die Wissenschaft gibt uns grobe Unterscheidungskategorien zur Hilfe und eines derjenigen, die wir gut anwenden können, ist in vier „Typen" unterteilt.

Hören Sie also gut zu und versuchen Sie herauszufinden mit wem Sie es eigentlich zu tun haben. Können Sie eine Tendenz erkennen, ist dies hilfreich, um Ihre Gemeinsamkeiten mit dem Kunden *über den Charaktertyp* zu bestärken. Ist Derjenige oder Diejenige sehr offen und macht Scherze, ist dies natürlich Ihrerseits auch erlaubt und Sie versuchen dann, durch ähnliche Themen dem „fördernden" Charakter entgegenzukommen.[28]

analytisch	kontrollierend	unterstützend	fördernd

| präzise, ordentlich, rational, zuverlässig, pflichtbewusst, logisch, sachlich, langsamer Entscheider vorsichtig, kritisch | emotionslos, leistungsorientiert ungeduldig selbstbewusst entscheidungsfreudig setzt auf Effizienz | teamorientiert respektvoll, emotional, entgegenkommend loyal, diplomatisch scheut Konflikte kümmert sich um andere | kontaktfreudig, fröhlich, intuitiv, eloquent, überzeugend, flexibel, offen, optimistisch, scheut Routine, schnelle Auffassungsgabe |

Die vier Charaktertypen und ihre Eigenschaften, Abb. 6

2.7 Was noch übrig ist

Verständigung ist Annäherung. Verkauf ist es letztlich auch. Da wir es aber oft während eines Termins nicht nur mit einem Kunden oder einer Kundin zu tun haben, sondern auch mit Paaren, möchte ich Ihnen noch eine weiter Hilfe an die Hand geben, bevor wir ans Eingemachte gehen: Haben Sie es mit einem Ehepaar bzw. mit zwei Personen bei einem Verkaufstermin zu tun, ist Ihre wichtigste Aufgabe, herauszufinden, wer von beiden „die Hosen anhat". So schlimm es klingen mag – die Herren mögen mir verzeihen – in den meisten Fällen ist das die Frau. Sie ist dann auch Diejenige, an die Sie später die wichtigen Fragen richten.

Kurz und knapp

Je privater wir auf der Einführungsstufe mit dem Kunden werden, desto leichter wird es auf den nachfolgenden Stufen. Finden Sie Gemeinsamkeiten mit Ihrem Gegenüber, dann können Sie später an demselben Strang ziehen. Dafür muss das Vertrauen dementsprechend aufgebaut worden sein. Denken Sie an den ersten Eindruck, den Sie hinterlassen. Zu diesem gehört auch, Ihre Kunden persönlich anzusprechen. Versuchen Sie nicht, Komplimente zu erfinden, punkten Sie durch Ehrlichkeit. Hören Sie im Verhältnis mehr zu als Sie selbst sprechen und stellen sich je nach Kundentyp auf Ihr Gegenüber ein. Haben Sie die Basis – das Vertrauen Ihres Kunden – geschaffen, gehen Sie zur Erfragung über.

3. Die Erfragung

Der Glaube erzeugt die Tatsachen.
William James

3.1 Die Erfragung als Informationsbeschaffung

Vielen wird es nicht gerade intuitiv erscheinen, erst *jetzt* mit der Erfragung wichtiger Bestandteile zu beginnen, ja, vielleicht denken Sie sogar, bis jetzt sei zu viel Zeit verstrichen, in der man den potentiellen Kunden schon verloren habe. Aber vertrauen Sie mir und befolgen Sie die Stufen, Sie werden Ihren Augen und Ohren, und natürlich dann auch Ihrem Geldbeutel nicht trauen!

Die vorangegangene Einführungsstufe und die hier folgende Erfragungsstufe können sich je nach Sympathie der Gesprächspartner und Verlauf des Gesprächs zwar etwas vermischen, sind aber grundsätzlich voneinander zu unterscheiden.

*Wir wollen die Probleme bzw. Defizite des Kunden so
exakt wie möglich erkennen! Die Lösung dieser Probleme – und nicht ein unangemessenes Verkaufen
um jeden Preis – muss unser übergeordnetes Ziel
sein. Um das zu erreichen, muss zwischen beiden
Parteien ein höchstmögliches Maß an Vertrauen, u.A.
durch entsprechende Atmosphäre, gegeben bzw. aufgebaut worden sein.*

Ein alter Leitsatz des Verkaufs lautet: Wer fragt,
der führt. Nun, diese Formulierung ist aus verschiedenen Gründen nicht mehr zeitgemäß. Wir verstehen
aber, was sie uns sagen möchte: Derjenige, der die
Fragen stellt, ist im Vorteil, sitzt am längeren Hebel,
kann das Geschehen lenken. Und das sind *wir*.

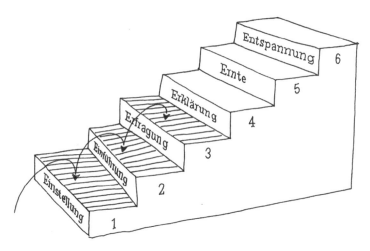

Schritt auf die Erfragungsstufe, Abb. 7

3.2 Vorgehensweise auf der Erfragungsstufe

Folgende Säulen gilt es auf der Erfragungsstufe zu bekräftigen bzw. herzustellen:

3.2.1 Atmosphäre

Auf allen Stufen und unabhängig von der Dauer des Gesprächs ist eine angenehme und entspannte Atmosphäre grundlegend. Fühlt sich der Kunde nicht sicher und verstanden, oder fühlt er sich sogar zum Verkauf gedrängt, sind alle Mühen vergebens. (Kommt es wider Erwarten doch noch zum Abschluss, sind nicht beide Parteien damit zufrieden.)

> *Stellen Sie durch eine offene und interessierte Art eine vertraute Atmosphäre her, die Sie kontinuierlich bekräftigen.*

3.2.2 Ernstgenommen-Werden

Der Kunde ist im Regelfall nicht sofort gewillt, Ihnen gegenüber offen zu sprechen. Diese Haltung ist völlig menschlich und berechtigt. Zeigen Sie Ihrem Gesprächspartner nicht nur Interesse, weil der Verkauf winkt. Flechten Sie ebenso Fragen nach seiner Befindlichkeit und Familie ein, sprechen Sie auch über alltägliche Vorkommnisse, die Sie dann wiederum als Überleitung nutzen können. Selbstverständlich dürfen Sie nicht zu intime Themen ansprechen – Sie sind schließlich noch nicht befreundet (und wollen es auch nicht sein; dazu später mehr). Lassen Sie beruhigt mehrere Minuten verstreichen – auf allen Stufen – in denen Sie mit

Ihrem Kunden über „Gott und die Welt" sprechen. Sie werden so als interessierter Gesprächspartner wahrgenommen und das Vertrauen in Sie steigt.

> *Nehmen Sie Ihr Gegenüber als Menschen ernst. Nur eine ehrliche Wertschätzung ist wahres Ernstnehmen.*

3.3.3 Problem-Erkennung

Die Problem-Erkennung erscheint vielen als simpler Bestandteil des Gesprächs, man müsse ja schließlich nur nachfragen, woran es dem Kunden mangelt. Oder, und dies scheint noch einfacher, kann man oft schon *von weitem* die Problemlage erkennen, z.B. weil die Fassade des Hauses Bände spricht. Ist dies der Fall, können Sie mit großem Selbstbewusstsein ins Gespräch gehen und müssen nichts mehr befürchten; denn meistens wird dem Menschen ein Problem dann deutlich(er), wenn er es „vor Augen" hat. Ist dies nicht direkt erkennbar, wird es mit der Frage „Wo drückt denn der Schuh?" in vielen Fällen leider nicht getan sein. Oft wissen die Kunden selbst noch nicht um den Zustand ihres Hauses, ihrer Fassade oder ihrer Fenster. Sie als Verkäufer müssen also einerseits mit dem Unwissen bzw. der Uninformiertheit des Kunden rechnen, dürfen ihn aber andererseits nicht mit besserwisserischen Einwürfen „unterbuttern". Während des Rundgangs muss dies in der Fragestellung berücksichtigt und eingebunden werden; so wie auf allen anderen Stufen auch, ist die *Erfragung* ein gemeinsamer Teil des Gesprächs – sie ist im klassischen Sinn ein *Dialog*.

3.3.4 Wie mache ich das?

Auf der Erfragungsstufe müssen Sie Informationen sammeln, sich merken oder aufschreiben und diese gekonnt in gezielte Fragen verwandeln. Sie können in der Zwischenzeit schon auf das Vertrauen des Kunden bauen und demnach die Probleme mit ihm zusammen tatsächlich offenlegen. Können Sie ein einziges „Problem" erkennen, ist es annähernd sicher, dass Sie verkaufen!

Das Fragen-Stellen ist eine Sache, die gelernt sein will, denn nicht jede Frage ist eine gute Frage und nicht jede Frage ist richtig formuliert! Entscheidend ist, dass Sie die Fragen in konjunktivischer Form stellen, d.h. Sie fragen nicht, was der Kunde oder die Kundin kaufen will oder verbessert haben möchte, sondern, was sie oder er tun *würde, wenn* sie oder er die Möglichkeit *hätte*, etwas zu verändern.

Eine Situation auf der Erfragungsstufe könnte folgendermaßen beginnen:

„Herr/Frau Mustermann, **wenn** *Sie neue Fenster einbauen* **würden,** *was* **wäre** *Ihnen wirklich wichtig dabei?"*

oder

Stellen Sie sich vor, *Sie kaufen eine Markise: Was* **wären** *wichtige Kriterien?"*

oder

„Angenommen, *Sie* **würden** *eine neue Haustür kaufen, worauf kommt es Ihnen dann besonders an?"* – *Kunde: „Die Sicherheit ist uns sehr wichtig."*

Sie können sich die Antwort stichwortartig notie-

ren oder sich einfach merken. Niemand ist Ihnen böse, wenn Sie sich wichtige Infos aufschreiben, im Gegenteil, so merkt der Kunde, dass Sie vollkommen für
sie/ihn da sind und genau auf ihre/seine Wünsche
und Vorstellungen eingehen. Sie können dies sogar
während Ihres Mitschreibens erklären, dass Sie sich
nun die folgenden Punkte, die dem Kunden wichtig
sind, aufschreiben. Je deutlicher Sie kommunizieren,
desto erfolgreicher ist Ihre Kommunikation.

Nun wollen Sie natürlich gleich mit Ihrem Fachwissen auftrumpfen und fühlen sich wie zur richtigen
Zeit am richtigen Ort! „Frau Mustermann, jetzt wissen
wir wie der Hase läuft, und das bekommen wir auch
alles in den Griff, denn wir haben eine Dreifach-
verglasung und einen speziell Energie-isolierenden
Rahmen im Sortiment!" Wenn dieses Buch Töne
von sich geben könnte, wäre es wohl gerade ein
unfassbar lautes Tröten gewesen – denn mehr kann
man an dieser Stelle nicht falsch machen. Aber
warum?

Wir drehen die Uhr zurück:

„**Angenommen**, *Sie* **würden** *eine neue Haustür kaufen,
worauf kommt es Ihnen dann besonders an?"*
Kunde: „Die Sicherheit ist uns sehr wichtig."

Während dieser Frage schweben Ihnen schon
hunderte Informationen über die mögliche Haustür im
Kopf herum, Informationen, mit denen Sie den Kunden „an die Wand reden" könnten, wenn Sie wollten. Und die besondere Energieeinsparung und das
ausgesprochen leichte Gewicht des Materials sind
doch für den Kunden sicherlich hochinteressante und
wichtige Informationen! Aber würde *diesen* Kunden

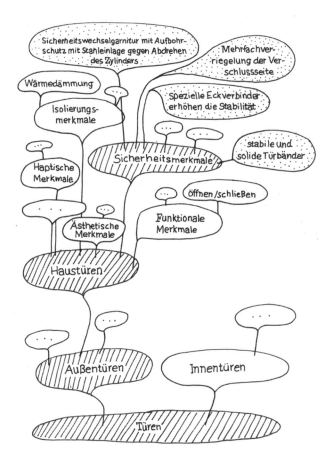

Individuell auf Kunden angepasster Produktfakten-Pfad,
Abb. 8

die *Energieeinsparung* zum Kauf animieren? „Die Sicherheit ist uns am wichtigsten."

An dieser Antwort müssen Sie nun erkennen, in welche „Schublade" von Informationen Sie greifen müssen, um Ihrem Kunden die passende Lösung zu präsentieren. Halten Sie sich diese Schublade vor Ihr geistiges Auge: Türen → Außentüren → Haustüren → Sicherheitsmerkmale. Ihr Gehirn rast diesen Pfad gekonnt entlang. Dieser Teil der Übung macht jedem Verkäufer Spaß, denn er wandert auf bekanntem Terrain. Die Schwierigkeit beginnt dann, wenn ich Ihnen sage, dass Sie diese Informationen zurückhalten müssen…

Denn

> *am allerwichtigsten ist es, die Problemlösung nicht sofort zu präsentieren, nachdem der Kunde geantwortet hat!*

Bewahren Sie sich die Problemlösung für einen späteren Zeitpunkt innerhalb der Erklärungsphase auf – widersprechen Sie in jedem Fall Ihrem innerem „Verkaufs-Schweinehund". Mit dem Pfad, den Sie im Geiste schon abgeschritten sind und nur noch zum richtigen Zeitpunkt präsentieren müssen, können Sie den Auftrag schreiben – aber noch nicht jetzt! Denn jetzt müssen Sie noch Ihre Chancen erhöhen.

Haben Sie ein Problem erkannt, wie z.B. die Sicherheit als wichtigstes Merkmal der Haustür, können Sie diese Information weiter unterfragen, indem Sie die schlichte Frage stellen, *warum* denn genau das so wichtig sei *für den Kunden/die Kundin*. Natürlich können wir so einen Grund gut nachvollziehen, wir *wollen* auf unsere einfache Frage aber aus strategischen Gründen eine Antwort haben: „Weil meine Kinder am Nachmittag oft alleine zu Hause sind!" Absolut nachvollziehbare Antwort. Dies speichern Sie ab oder notieren es. Die Kundin/der Kunde hat sich nämlich gerade ein Eigentor geschossen. Warum, klären wir später.

Und vergessen Sie nie: Jeder Kunde und jede Kundin hat andere Präferenzen, kauft aus anderen Gründen. Dieselbe Markise kann vom Einen aus dem einfachen Grund des Schattenspendens gekauft werden. Die nächste Kundin möchte zwar auch Schatten, hält aber wöchentlich ihre Kochsessions im Freien ab und möchte, dass die Markise optisch was hergibt. Funktionalität (Schatten spenden) vs. Optik! Sie müssen dann auch dementsprechend darauf eingehen. Alles darüber Hinausgehende ist vielleicht interessant, aber nicht nötig, erwähnt zu werden.

3.3 Der Kleber an der Vorhangstange

Bei einer netten, älteren Dame stand ich vor einigen Jahren einmal vor der Haustür, fest entschlossen, ihr von unseren Fenstern zu berichten... „Eigentlich möchte ich keine Fenster mehr einbauen lassen, ich bin doch schon so alt und es lohnt sich für mich nicht mehr!" Aber manchmal stimmt einfach die Chemie und schwupps, schon saß ich im Esszimmer.

Auf der Einführungsstufe – bei einem gemütlichen Kaffee – erzählte sie mir von ihren Kindern und dass sich da niemand um sie kümmere. Unser Gespräch war entspannt und nach einiger Zeit auch persönlicher, sodass die Einführungsstufe ca. 45 Minuten dauerte. Besser gesagt, ich baute die Stufe so lange aus, da ich bemerkte, dass es nötig war, der Dame Sicherheit zu vermitteln. So konnte ich auch feststellen, dass sie ihre Wohnung sehr gut pflegte, ja, vielleicht sogar einen kleinen Sauberkeitsfimmel hatte. In ihrem schnuckligen Badezimmer, das sie wahrscheinlich fünf Minuten bevor ich geklingelt hatte gerade poliert hatte, hing am Badezimmerfenster ein kleiner Scheibenvorhang an einer Stange.

Diesen hatte sie provisorisch und notdürftig mit einem Kleber am Holzrahmen befestigt und man konnte erkennen, dass der Kleber schon des Öfteren erneuert worden war. „Der Vorhang fällt ständig ab, also habe ich hier meine Tube Kleber und das Ganze fängt von vorne an. Aber so ist das besser, ich will ja keine Schrauben in den Fensterrahmen drehen, da geht er doch kaputt!"

Abspeichern. Aber nicht nur unter „Fenster einbauen". Sondern unter „persönliches Anliegen der Dame". Bevor wir hierauf zurückkommen, erzählte sie mir noch von anderen Baustellen im Haus, was meine Überzeugung, dass ich heute einen Auftrag schreiben würde, steigen ließ.

Als ich der Dame dann auf der Erklärungsstufe unsere neuen Kunststofffenster aus meinem Musterkoffer zeigte, ihr von der leichteren Reinigung und dem problemlosen Einbau ohne Schmutz und ohne Sauerei berichtete, war Sie sichtlich beeindruckt. Dass die Fenster dank besserer Isolierung Energie einsparten, musste ich nicht einmal zu ausführlich erklären, denn ihr Hauptaugenmerk lag deutlich auf Sauberkeit und nicht auf Energieeinsparung. Nun zauberte ich aber das Trumpf-Ass aus dem Ärmel: „Wissen Sie, heut' zu Tage hat man ja oft solche Scheibenvorhänge vor den Fenstern, in der Küche oder im Bad sieht das sehr hübsch aus. Bei diesen Kunststofffenstern – gerade durch die gute Oberfläche – kann man mit einem Kunststoffkleber optimal die Stange für die Scheibenvorhänge befestigen, das hält für die Ewigkeit!" Die Dame hatte auf einmal ein Lächeln auf dem Gesicht und auf den im Folgenden ausgerechneten Aktionspreis schoss ihre Unterschrift fast wie von alleine. Ich konnte den Termin mit einem Auftrag in Höhe von 10.000,- € abschließen.

Es sind manchmal die unglaublichsten Dinge, warum ein Kunde kauft oder nicht. Wichtig hierbei war, sich auf der Erfragungsstufe genau diesen einen Aspekt zu merken – den Aspekt, der der *Dame* wichtig war! Oft können gerade die Dinge relevant sein, die Sie vielleicht zuerst als unwichtig einstufen würden. Nutzen Sie die Erfragungsstufe, um die Punkte herauszufinden, die dem Kunden am Herzen liegen. Wichtig ist, zu erwähnen, dass Ihr Verhalten auf der Erfragungsstufe unabhängig von Ihrer Produktart ist, d.h. verkaufen Sie Fenster, Staubsauger oder hochwertige Einbauküchen, die Vorgehensweise bleibt immer dieselbe.

3.4 Der Preis ist heiß

Wir befinden uns wieder bei einem Fenstertermin; Ihr Aufenthalt dauert nun schon ca. 30 Minuten; Sie haben eine ausführliche Einführungsstufe durchlaufen und wollen nun mit den Eigentümern die Wohnsache begehen. Wir können also mit dem Ausmessen der alten Fenster beginnen (wobei es sich bei diesem Aufmaß zunächst nur um das Maß handelt, das für die ungefähre Preisermittlung notwendig ist). Bei der im Direktvertrieb gerne sogenannten „Tatort-Besichtigung" fallen Ihnen selbstverständlich mit Adlerauge und Spürnase nicht nur die Fenster, sondern auch andere Problemzonen des Gebäudes auf, die

Sie als mehr oder weniger wichtig einstufen müssen. Vergessen Sie aber nicht – auf der Erfragungsstufe findet *keine* Konfrontation statt, sondern nur das Abspeichern der Infos!

Durch die Technik des sogenannten „Preis-Schocks" sind Sie nun in der Lage, die Kunden „aufzubauen":

Verkäufer: „Nun, wie hoch schätzen Sie denn die Kosten für Ihre neuen Fenster?"
Kunden: „Das ist schwierig zu beantworten... Vielleicht ca. 15.000,- €?"

Diese Antwort ist nicht unrealistisch und konnte vom Kunden nur geäußert werden, weil Ihre Einführungsstufe sich nun bezahlt macht – es ist Vertrauen da. Nun können Sie mit dem Hintergrund Ihres Fachwissens und einer eigenen Vorabschätzung darauf antworten:

Verkäufer: „Keine schlechte Schätzung! Wir sehen uns das dann nachher auf der Tabelle genauer an."

Allerdings kommen Sie nun ins Wohnzimmer und begutachten die Panoramafront, die wohl schon einige Jahre auf dem Buckel hat.

Verkäufer: „So eine Panoramafront hat schon ihre Vorteile, nicht wahr. Aber die war bestimmt damals beim Einbau schon sehr teuer; ob wir wohl mit den 15.000,- € noch hinkommen..."

Angekommen im Schlafzimmer, wo sich noch eine Balkontüre versteckt, sind Sie schon sehr missmutig.

Verkäufer: „Meine Dame, Ihr ganzes Haus besteht ja nur aus Fenstern und Türen! Da werden 20.000,- € wohl nicht reichen..."

Mit einer freundlich-ironischen Haltung, wie gerade eben, können Sie bei dem Aufmaßdurchgang problemlos bis auf 30.000,- € hochschätzen. Natürlich immer leicht ironisch, denn wir haben ja bis zu dem Zeitpunkt eine Vertrauensbasis aufgebaut, in die solche lockeren Sprüche gut passen.

Wenn wir dann später beim Ausrechnen nur auf 13.500,- € kommen, ist uns der Kunde auch nicht böse für die Fehleinschätzung, im Gegenteil, wir können beide erleichtert sein. Aus psychologischer Sicht wenden wir den Preis-Aufbau dafür an, dass sich Ihr Gegenüber mit Ihrem *Anfangspreis* noch besser anfreunden kann. Wichtig ist wieder: unsere Preise müssen ok, fair und menschlich sein. Gute Produkte für gute Preise; daher zocken Sie hier niemanden ab! Ein wenig Verkaufspsychologie darf aber auch nicht fehlen.

Während des Wohnungsrundgangs bauen Sie weiterhin die Sympathie auf, die Sie in der Einführungsstufe begonnen haben. Sie stoßen so im Gespräch eventuell auf weitere Gemeinsamkeiten. Dafür gibt es unzählige Möglichkeiten, Andockpunkte zu schaffen, die Sie selbst sympathischer machen und wodurch Sie schneller akzeptiert werden: Bilder oder Fotos der Familie an den Wänden, Sammlerstücke, Haustiere etc. Und dann, alles speichern, alles sortieren, alles vorbereiten für die nächste Stufe!

Kurz und knapp

Auf der Erfragungsstufe läuft ihr Gehirn auf Hochtou-
ren, denn Sie saugen alles auf, was es an Informationen zu haben gibt. Während Sie mit dem Kunden den
Wohnungsrundgang durchführen, arbeiten Sie stetig
mit allgemeinen und persönlichen Fragen weiter am
Sympathieaufbau. Sie stoßen dabei auf weitere Gemeinsamkeiten. Zieren Sie sich nicht davor, viele und
direkte Fragen zu stellen, denn der Kunde merkt so,
dass er Ihnen wichtig ist, er wird ernstgenommen mit
seinem Problem. Schätzen Sie aber jemanden nach
einiger Zeit im Gespräch als introvertiert und unge-
sprächig ein, müssen Sie Ihre Lautstärke, Redege-
schwindigkeit und wie extrovertiert Sie sind entsprechend anpassen. Zeigen Sie hier auf keinen Fall arrogant Ihr außergewöhnliches Fachwissen; zeigt der
Kund jetzt schon Interesse, verpufft dieses durch Ihre
Egoismus-Aktion:

„Fachidiot schlägt Kunden tot."

Speichern Sie alle Informationen auf Ihrer Gedächt-
nis-Festplatte ab, um sie später zum richtigen Zeitpunkt verwenden zu können. Setzen Sie schon in
der Erfragungsphase die Informationspuzzle-Teile
zusammen, um diese später als Ganzes im Lösungs-
vorschlag präsentieren zu können, der auf die Kunden zugeschnitten ist.

4. Die Erklärung

Ob Sie denken, dass Sie können, oder,
ob Sie denken, dass Sie nicht können
– beides ist richtig.
Henry Ford

4.1 Wann sind wir endlich da?

„Endlich!", denken Sie sich, „endlich darf ich mein
Produkt präsentieren (und meinem Kunden mein um-
fangreiches Fachwissen aufdrängen)!" Falsch gele-
gen! Produkt präsentieren, ja – Ihren Kunden mit einer großangelegten Überzeugungscampagne über-
fallen, nein!

Erklären können und dürfen Sie sofort, gleich, naja, sagen wir, nachdem wir noch unsere Hausauf-
gaben gemacht haben. Einer der wichtigsten Punkte
vorab ist, dass Sie sich darüber im Klaren sein müssen, was Sie von Beruf sind. Das meine ich ernst.
Sie sind Verkäufer – und kein (Fach-)Berater! Den
Fachberater gibt es im Baumarkt. Aber *wir* haben nur
ein einziges Ziel: bei diesem Termin einen Auftrag
zu schreiben! Ich gehe sogar so weit, zu behaupten,
dass wir mit unseren Produkten und unserer Firma
eine Verpflichtung haben, diese Produkte an die Frau
und den Mann zu bringen; man könnte fast von unter-
lassener Hilfeleistung sprechen, wenn wir das nicht

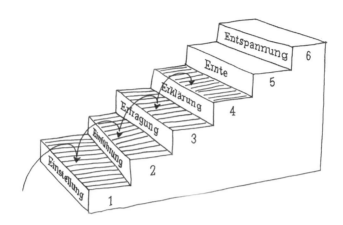

Schritt auf die Erklärungsstufe, Abb. 9

täten! (Man bedenke aber immer, das gilt im Falle des guten Produktes!)

Ein gutes Gegenbeispiel, dass wir keine Fachberater sind, ist Folgendes: Die meisten Berufseinsteiger, die Verkäufer werden wollen, haben nachvollziehbarer Weise am Anfang noch fast keine Ahnung von ihren Produkten. Wieso sollte das auch anders sein. Wenn die aber auf die Termine losgelassen werden und motiviert und positiv bei der Sache sind, verkaufen diese Anfänger unglaublich gut, weil sie von der Sache begeistert sind und diese Begeisterung – nicht die Produktfakten – beim Kunden ankommen! Je mehr Schulungen und Fachwissen sie sich aber aneignen, desto mehr wollen sie damit auftrumpfen und desto schlechter werden ihre Verkaufsumsätze. Wir sind Verkäufer – merken Sie sich das!

Tun Sie sich auch auf Messen nicht die unangenehme Situation an, einen Interessenten eine halbe Stunde lang zu beraten, um danach dann herauszubekommen, dass er/sie „sich nur mal informieren wollte" und Sie eine halbe Stunde Ihres Lebens verschwendet haben, da Derjenige oder Diejenige schon wieder zum nächsten Stand verschwunden ist und auch der Verkäufer dort denselben Fehler macht. Währenddessen laufen mehrere tatsächlich Interessierte am Stand vorbei und können nicht von Ihnen profitieren. Abgesehen von diesem Verlust müssen wir uns auch vor Augen halten, dass unser Fachwissen zwar ein Teil unseres Kapitals ist. Trotzdem ist es kein gutes Zeichen, wenn die interessierten Kunden Dank Ihres geballten Fachwissens Sternchen kreisen sehen– wie sollen sie sich denn dann ernsthaft entscheiden?!

4.2 Ich kann den nicht riechen

Wenn bis zur Erklärungsstufe, im Schnitt nach ca. 20-40 Minuten, noch keine Sympathie entstanden ist, also nicht *von Ihnen* bewusst aufgebaut worden ist, können Sie Ihr Produkt noch so begeistert erklären, es wird für den Kunden nicht begeisternd sein. Nach der Preisberechnung gibt es garantiert keine Unterschrift, denn Ihr Gegenüber ist im wahrsten Sinne des Wortes nicht auf Ihrer Seite! Sie sitzen nicht im selben Boot.

Natürlich kann man auch bei der Produktpräsentation eine gewisse Begeisterung aufbauen, es ist auch möglich, durch Fachkompetenz zu punkten, aber glauben Sie mir, es ist sehr, sehr schwierig.

Wenn Sie also bis jetzt noch keinen Zugang zu Ihrer Kundin/Ihrem Kunden gefunden haben, betrachtet er Sie zwischenmenschlich gesehen im besten Fall als akzeptable Person, die gerade ihren/seinen

Kaffee schlürft. Im schlechtesten Fall jedoch kann die Kundin/der Kunde nicht nur nichts mit Ihnen anfangen, sondern interpretiert Ihre Gestik, Mimik und Ihr Fachgeschwafel als Aufgesetztheit, Egoismus, Abzocke usw. Warum? Eine Einschätzung über eine andere Person wird in den meisten Fällen entweder eindeutig positiv oder eindeutig negativ gefällt – und das bleibt dann so, wird sogar (meistens ungerechtfertigter Maßen) noch durch die jeweiligen Vorurteile des Urteilenden und dessen Interpretationen eindeutiger. Der Kunde/die Kundin „schöpft" Sie, den Verkäufer, so wie er/sie Sie *sieht*, bzw. Sie sehen will (vgl. „Pygmalion-Effekt[29]).

Haben wir diesen psychologischen Vorgang erst einmal richtig verstanden, können wir dieses Wissen nicht nur im Verkaufsbereich einsetzen, um Ihr Gegenüber auf *Sie* einzustellen, sondern es kann in der täglichen Kommunikation Vorteile verschaffen – Sie verstehen Ihre Mitmenschen einfach besser – auf der sprachlichen und der körpersprachlichen Ebene. Setzen Sie also den „Pygmalion-Effekt" bewusst und positiv ein, nimmt der Kunde/die Kundin *Sie* positiv wahr – und schon sitzen Sie im selben Boot!

Ich, als praktischer Verkäufer mit 17 Jahren Direktvertriebserfahrung, spüre schon nach einer Minute des Gesprächs, ob da „was geht", aber spätestens nach 15 Minuten Kennenlernphase habe ich den Kunden „abgeklopft" und weiß dann ganz genau woran ich bin.

Kurzum (positiv):
Lernen Sie die Signale Ihres Gegenübers richtig zu deuten. Versuchen Sie dies unabhängig von Ihren Launen oder Wünschen zu tun, sonst werden Sie ungerecht urteilen.

Senden Sie *positive* körpersprachliche und sprachliche Signale, was Ihre Chancen erhöht, auch positiv wahrgenommen zu werden. Damit sähen Sie die Samen für das positive Bild, dass die Kundin/der Kunde von Ihnen hat. Natürlich kann auch ein positives Signal missverstanden werden und dann doch im Lichte einer Laune ausgelegt werden. Aber im Schnitt fahren Sie damit besser.

Kurzum (negativ):
Erkennen Sie bei einem Termin, dass da absolut nichts zu machen ist, dass die Kundin/der Kunde zu Ihnen einfach keine Beziehung aufbauen will oder Sie nicht zu ihr/ihm durchdringen können, verabschieden Sie sich! Das muss auch gehen! (Vielleicht gibt es ja noch einen Zufall...)

> Das Geheimnis des Erfolges ist, den Standpunkt des anderen zu verstehen.
> *Henry Ford*

4.2 Der Köder muss dem Fisch schmecken, nicht dem Angler!

Auf der Einführungs- und Erfragungsstufe haben Sie die beste Möglichkeit herauszufinden, welchen Köder der Fisch oder die Fischin am meisten mag und genau diesen hängen Sie dann an die Angel. Äh, wie meinen?!

Haben Sie ein „Problem" herausgefunden, z.B., wie eben besprochen, dass die Kundin viel Wert auf Einbruchsicherheit legt, hängen Sie *das* nun an die Angel. Nicht das, was *Sie* erklären wollen, oder womit *Sie* sich brüsten wollen – wir wollen verkaufen, keine Schleimspur legen! Anhand dieses netten Bildchens

Die Abstimmung auf die individuellen Kunden, Abb. 10

können Sie sich immer wieder in Erinnerung rufen, dass Ihr *Kunde* das Produkt mögen muss!

4.3 Kaufen oder nicht kaufen? – *das* ist hier die Frage

Man geht in einen Discounter, möchte 4-5 Dinge kaufen und am Ende ist der Wagen voll. IKEA-Effekt! Man hat in solch (man möchte fast sagen *perfide*) eingerichteten Warenhäusern schon fast den Eindruck, dass jede Entscheidung, diesmal *wirklich* nur das zu kaufen, was man auch *braucht*, durch geheime Gehirnwäsche oder Ähnliches zunichte gemacht wird, systematisch und immer mit Erfolg. Denn, jeder hat Angst vor Verlust. Wie bitte?

Menschen kaufen (leider) nicht, was sie *brauchen*, sondern was sie *haben möchten*.[30] Wenn Sie sich als Verkäufer diese Tatsache einmal ganz genau durch den Kopf gehen lassen, wissen Sie was das für uns bedeutet.

Sie müssen beim Kunden einen übermächtigen Wunsch schaffen, Ihr Produkt zu wollen. Wenn Sie das schaffen, haben Sie ausgesorgt. Und so schwierig, wie das klingt, ist es bei Weitem nicht. Denn alles menschliche Verhalten ist letztlich durch zwei Kräfte motiviert:

Die Notwendigkeit, *Leid* **zu vermeiden**

und

den Wunsch, *Lust* **zu gewinnen,**

bzw. zu steigern.

Schaffen Sie es also, dass die Kundin/der Kunde den Kaufakt mit einem enormen *Lustgewinn* assoziiert, schreiben Sie den Auftrag. Schwankt der Kunde noch hin und her, muss die Entscheidung, nicht zu kaufen, mit *Leid* verbunden werden.

Mein Lehrmeister, Fred Joras, hat diese Tatsache in der Verkäufer-Kunden-Kommunikation immer so erklärt:

„Du musst das Pendel bei dem Kunden in Bewegung bringen!"

Das Pendel, bzw. die Waage muss von Ihnen mit emotionalen Gründen belastet werden, die den Kunden zum Kauf bewegen. Er muss einen Verlust oder Schmerz verspüren, wenn er daran denkt, dieses Produkt nicht gekauft zu haben. Dass die Kinder oft allein zu Hause sind, haben Sie sich gemerkt

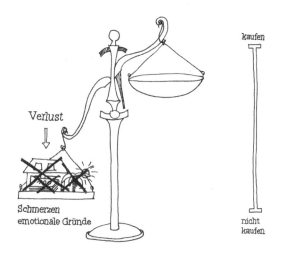

Möglicher Verlust als emotionaler Grund, zu kaufen, Abb. 11

und setzen nun dieses „Paket" auf die Waage. Man kann nicht anders, als dieses Produkt zu *wollen*. Seine bzw. ihre Gedanken sind dann folgende: ‚Dieser Verkäufer hat genau das was ich brauche, ich muss mir dann keine Sorgen mehr machen.'

Jetzt könnte man behaupten, dieses Bedürfnis des Kunden sei ja *immer* individuell und man könne sich *nie* ein Patentrezept zurechtlegen, das für alle gleich gut funktioniere. Das stimmt, aber das wollen wir auch gar nicht. Wir wollen ein Patentrezept, mit dem man orten kann, was sich die Kundin/der Kunde wünscht, und *dann* können wir mit unserem Fachwissen in entsprechende Schubladen greife und die individuelle Lösungen präsentieren.

4.4 Des Pudels Kern – das Wesen der Erklärungsstufe

Und nun beginnen wir tatsächlich mit der auf den Kunden zugeschnittenen Produktpräsentation, denn nach erfolgreichem Beziehungsaufbau und dem Fragestellen kennen wir nun die Bedürfnisse und Verhältnisse des Kunden genau und können nun das „geortete" Problem angehen. Halten Sie sich hier wieder Ihren Pfad/Ihre Schubladen vor Augen, die genau auf die Aussagen der Kundin/des Kunden passen – ziehen Sie nun *nur* von dort die Antworten heraus.

In der Praxis, je nach Produkt und Zweig des Direktvertriebs, präsentieren wir nun z.b. den Musterkoffer, die Prospekte o.Ä. Dabei darf und soll die Kundin/der Kunde die Muster berühren, um einen haptischen Eindruck zu bekommen. Je mehr Sinne hierbei mit einbezogen werden können, desto besser, denn umso realer kann sich der Kunde/die Kundin das Produkt *in seinem/ihrem Umfeld* vorstellen. Während wir die Qualitätsmerkmale ansprechen, steuern wir thematisch auf den ausschlaggebenden Punkt zu: Sicherheit.

Je nach Aufbau und Struktur Ihres Vertriebs und Produktes können Sie nun das Produkt in den Zusammenhang mit einer laufenden Aktion, wie z.B. Messe-Rabatt, einen Winter-Preis, eine Sammelmontage-Aktion o.Ä. bringen. Dabei können Sie auch direkt auf die momentanen Standards des Wettbewerbs eingehen. Das könnte dann beim Haustürtermin so aussehen:

Verkäufer: „Wir haben gerade eine Messe-Aktion in Punkto „Sicherheit" und ich kann Ihnen gleich mal ausrechnen, was Sie dabei sparen!"

Auf der Erklärungsstufe während der Produkt-präsentation müssen Sie der Kundin/dem Kunden wortwörtlich *vor Augen halten*, was der Besitz des Produktes für sie/ihn persönlich bedeutet! Sie stellen also bei der Produktpräsentation oder Prospekt-Vorstellung *immer* den Zusammenhang der Bedeutung, den persönlichen Nutzen für die Kundin/den Kunden her.

Verkäufer: „Frau SchönesHaar, das bedeutet für Sie…!"

Individueller Nutzen, Abb. 12

*Verkäufer: „Die erhöhte Wärmedämmung bedeutet für Sie eine **erhebliche** Energieeinsparung. Aber* *die Tresor-Sicherheitsverriegelung bringt Ihnen einen erhöhten Einbruchschutz."*

Wir haben noch im Hinterkopf (oder auf unserem Blatt Papier vor uns) die Antwort „Sicherheit" als wichtigstes Kriterium vermerkt. Das bedeutet, wir richten unsere Präsentation der Muster etc. nun auf die Optimierung des *Einbruchschutzes und der Sicherheit*. Diese, und nur diese Details sind für diesen Kunden relevant. Sie müssen sich klar machen, dass das, was Ihr Gegenüber Ihnen in der vergangenen halben Stunde gesagt hat, nicht mehr detailgetreu weiß, aber *Sie* können nun berichten und vorstellen, mit welcher Produktlösung Sie das Defizit beheben möchten. Das ist ganz schön beeindruckend für Ihren Gesprächspartner! Nun können Sie nicht mehr verlieren!

Es sei denn, Sie schaffen es, Ihre Formulierungen so ungeschickt auf den Kunden zu werfen, dass er wieder misstrauisch wird, z.B. „Frau Kundin, ich habe mir hier aufgeschrieben, dass Sie...", „Und dann, warten Sie mal kurz, was steht hier, dann haben Sie auch noch gesagt, dass..." – so nicht! Packen Sie diese Informationen in Aussagen, die den Kunden informieren, überraschen und beeindrucken (und nicht Ihre Fähigkeit zeigen, dass Sie auch schreiben können).

„Herr Kunde, Sie haben Glück, dass ich heute da bin, denn wir bieten die 17-fach-Verriegelung zu einem vergünstigten Preis in unserer Sonderaktion an. Das bedeutet, Sie können heute diese Türe bei mir bestellen, aber **ohne** *die eigentlichen 860 € Aufpreis für diese Spezialverriegelung! Das bedeutet also für Sie, dass dann an der Haustür 17 einzelne Riegel aus der Türe in die Hauswand schießen und sie so sichern. Der Einbrecher muss dann schon mit*

Dynamit die Hauswand – nicht die Tür! – raussprengen, wenn er rein will!"

Allerdings kommt es manchmal vor, dass der informierte Kunde Ihnen die Angebote eines Konkurrenten vorträgt und Sie im Preis drücken möchte. Natürlich müssen Sie auch auf einen solchen Fall gut vorbereitet sein und Ihre Branche genauestens kennen. Haben Sie diese Vorarbeit geleistet, können Sie beruhigt auf seine Einwände eingehen und Sie abwiegeln.

Nun können Sie, wenn Einwände und Bedenken aus dem Weg geräumt sind, den nächsten Schritt wagen und Ihr Gegenüber fragen, ob er oder sie an dieser Aktion Interesse hat – denn die Angebote der Konkurrenz sind ja nun nicht mehr interessant – und auf das Bejahen dieser Frage präsentieren Sie die dazugehörige Aktion mit dem entsprechenden Preis. Und machen Sie sich keine großen Sorgen um Ihre Produktpreise – haben Sie gute Produkte, sind diese Preise erstens berechtigt und zweitens wird der Preis den Kunden nach dem entsprechenden Beziehungsaufbau nicht von den Socken hauen. Er will das Produkt, er vertraut Ihnen, also kauft er.

Kurz und knapp

Auf der Erklärungsstufe präsentieren wir dem Kunden mit voller Begeisterung und Elan das Produkt auf ihn bzw. auf sein Problem hin zugeschnitten. Wir halten unser Fach-Ego weitestgehend zurück, sodass wir nicht *alles* über das Produkt, sondern nur für den Kunden wesentliche Fakten präsentieren, die ihn dementsprechend zum Kauf bewegen. Sind Sie hierfür sorgfältig die bisherigen Stufen abgeschritten, fällt

Ihnen nun die Wahl der passenden Informationen für das individuelle Kundenproblem nicht schwer.

Erläutern Sie Ihren Kunden, was die Produktlösung für Denjenigen oder Diejenige *persönlich* bedeutet und welche Vorteile damit verbunden sind. Erwähnen Sie entsprechende Verkaufs- bzw. Messeaktionen und Sonderrabatte.

5. Die Ernte

Was die Gerechten begehren,
wird ihnen gegeben.
Bibel, Sprüche 10.24

5.1 Das schnelle Ja-Wort

Alles läuft super, Ihr Beziehungsaufbau läuft besser als in Ihren kühnsten Träumen und an entscheidender Stelle sagt Ihr Kunde nun „Ja". Schrecklich. Einfach schlimm für mich. Warum? Ist der Verkaufstitan jetzt völlig durchgeknallt? Genau darum geht es uns doch die ganze Zeit, darauf arbeiten wir hin!

Natürlich möchte ich vom Kunden das „Ja-Wort" haben, den Auftrag schreiben und mich super fühlen. Aber was ist denn das für eine läppische sportliche Herausforderung, wenn ich mich überhaupt nicht dafür anstrengen musste?! Na klar habe ich dann trotzdem verkauft. Verkauft ist verkauft. Aber irgendwie eben doch nicht. Ich möchte von meinen Kunden ein wenig Gegenwehr, möchte mit Ihnen diskutieren, möchte, dass Sie Ihren Kopf anstrengen und wir zusammen die Defizite erarbeiten und sie dann lösen. Das macht Spaß und die Lösung macht mich dann auch stolz. Gegen eine Maus kann ich immer gewinnen, gegen einen Löwen sieht das schon ganz anders aus! Ich bin froh, wenn es mehrere „Neins" zu

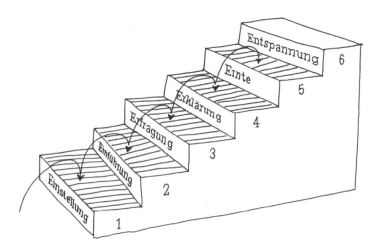

Schritt auf die Erntestufe, Abb. 13

meinen Vorschlägen und Produkten gibt, die ich dann „abarbeiten" kann, mit denen ich den Kunden doch noch ins Boot meiner Firma holen kann. *Das* macht mir Spaß, solche Aufträge schreibe ich tausend Mal lieber!

5.2 Der Testabschluss

5.2.1 Der schnelle Schuss

Nun soll der einfachste Fall des „Erntens" dargestellt werden. Ihr Gegenüber ist angetan vom Produkt und nimmt eine positive Haltung Ihnen gegenüber ein:

Schritt 1: Testfrage 1

Verkäufer: „Herr Kunde, bis wann soll Ihr Haus sicher sein?"
Kunde: „So schnell wie möglich!"

Diese Antwort dürfen wir nahezu sicher als einen Kaufwunsch interpretieren. Noch haben wir zwar keine Unterschrift, aber es sieht gut aus.

Schießt der Kunde diese Antwort heraus, oder liegt der Zeitraum, den er angibt, in der nahen Zukunft, haben wir alles richtig gemacht. Es soll keinen Aufschub mehr geben, der Bedarf ist da, weil von uns das Bedürfnis geweckt und verstärkt wurde. Wie schon erwähnt, finde ich das nicht besonders spannend, aber Ihren Abschluss haben Sie jetzt so gut wie in der Tasche!

Schritt 2: Zwischengeplänkel und Informationen

Verkäufer: „Ihre neue Haustüre kann zwar morgen noch nicht eingebaut werden, Herr Kunde, aber wenn Sie heute unterschreiben, haben wir Glück gehabt, denn den Auftrag kann ich noch heute ans Werk weiterleiten, da momentan die XY-Aktion läuft und Ihr Auftrag da perfekt passt!

(Dies passen Sie natürlich auf Ihr Produktsortiment und Ihre Aktions-/Rabattstrukturen an.)

Schritt 3: Testfrage 2

Die Testfrage lautet dann auf keinen Fall: „Wollen Sie diese Haustüre zu diesen und jeden Konditionen bestellen?", sondern:

Verkäufer: „ Wäre dieses Angebot interessant für Sie, Herr Kunde?

Wir arbeiten also nochmal mit dem Konjunktiv!

Kunde: „Ja, so passt mir das gut."

Schritt 4: Das Auftragsformular

Sie schnappen sich Ihr Auftragsformular und beginnen, es auszufüllen. Sie haben noch keine Zusage zum *Kauf*, aber ein zugesichertes Interesse am *Angebot*. Beim Ausfüllen des Auftragsformulars lässt der Kunde dies entweder vollständig zu und beantwortet die nötigen Fragen (persönliche Angaben, Zahlungsweg etc.), oder – und dies ist nach diesem Run unwahrscheinlich – wehrt sich nun gegen Ihre Nachfragen. An diesem Punkt angekommen können Sie aber normalerweise zum Ernten marschieren!

5.2.2 Es gibt noch viel zu tun...

Gibt Ihr Gegenüber als Einbautermin einen späteren Zeitpunkt an, z.B.

Schritt 1: Testfrage 1

Verkäufer: „Herr Kunde, bis wann soll Ihr Haus sicher sein?"

Kunde: „Ja wissen Sie, es gibt da noch andere Renovierungsarbeiten, die nötig sind... Deshalb eventuell in einem halben Jahr..."

müssen wir dies wie einen Einwand behandeln. Bitte tappen Sie nun nicht in die Falle, zu erklären, dass Sie auch für diese Arbeiten genau die richtigen Produkte hätten, oder wenn nicht, Sie zumindest die richtige Firma an der Hand hätten. Verzetteln Sie sich nicht, weil Sie zu viel wollen. Sichern Sie das ab, was sie bisher erarbeitet haben!

Ich sage nicht, dass es manchmal auch solche „verschränkten" Verkäufe geben kann, bei denen Sie verschiedene Produkte verkaufen, von denen Sie am Anfang noch nicht dachten, dass genau diese Konstellation zustande kommen könnte. Es wird aber die

Ausnahme und ein Glücksfall sein, nachdem Sie sich nicht richten sollten, weil er in der Regel eben dazu führt, dass Sie gar nichts gewinnen, sondern den ganzen Auftrag verlieren!

Sehen wir uns nochmal unseren Testabschluss mit der Antwort an:

Verkäufer: „Herr Kunde, bis wann soll Ihr Haus sicher sein?"

Kunde: „Am liebsten wäre es mir erst in einem halben Jahr, es stehen noch so viele Dinge bis dahin an bei uns…"

Schritt 2: Einwandbehandlung, Zwischengeplänkel und Informationen

Obwohl man denken könnte, dass diese Antwort im Vergleich zur ersten eher nachteilig für uns ist, können wir damit super umgehen, denn natürlich brauchen wir auch Aufträge, die in der mittelfristigen Zukunft liegen, denn wir wollen die Auftragsbücher der Werke und Monteure auslasten. Dies können wir auch dem Kunden mitteilen, der Zeitraum, der noch bis zum Einbau verstreichen würde sei genau das, was wir bräuchten, denn als große Firma müsse man haushalten und wissen, was in einem halben Jahr oder längerfristig passiere. Sie können dies z.B. mit einem besonderen Rabatt anbieten, gerade *weil* der Auftrag schon heute geschrieben wird, aber der Einbau erst in einem halben Jahr stattfindet.

Verkäufer: „Werter Herr Kunde, Ihre Haustüre mit der 17-Fach-Tresor-Verriegelung würde normalerweise 3.859 € kosten. Bestellen Sie die Haustüre aber heute bei mir, und der Einbau findet erst in einem halben Jahr statt, bekommen Sie die Haustür nicht für 3.859 €, sondern für 2.999 €.

Die 17-fach-Verriegelung kostet mit Mehrwert-
steuer 860 €, die Sie sich so sparen!"

In beiden Fällen, sowohl beim „Schnell-Besteller"
als auch bei demjenigen, der bis zum Einbau noch
Dinge abzuarbeiten hat, muss über die Bestelldauer
gesprochen werden. Beim späteren Termin ist klar,
dass das eben noch ein halbes Jahr dauert. Beim
„Sofort"-Besteller müssen wir jedoch genau über die
Lieferzeiten sprechen, die Sie realistisch angeben
müssen. Nichts ist schlimmer, als den Kunden mit einer kurzen Lieferzeit „anzufixen", z.B. 3-4 Wochen,
weil man denkt, damit den Verkauf wahrscheinlicher
zu machen. Bitte geben Sie realistische Lieferzeiten
an, wenn nötig sogar etwas zu großzügig berechne-
te, denn früher kommen kann die Tür immer noch
und schon hat sich der Kunde darüber gefreut, dass
es anstatt der voraussichtlichen 8 Wochen nur 7 ge-
dauert hat!

Schritt 3: Testfrage 2

*Verkäufer: „**Wäre** dieses Angebot interessant für Sie,*
*   Herr Kunde?*
Kunde: „Ja, so passt mir das gut."

Schritt 4: Das Auftragsformular

Durch diesen Teil der Aufgabe marschieren Sie im
Schlaf.

5.2.3 Der Sprung zurück

Sind Sie die bisherigen Stufen etwas zu schnell und
unbedarft abgelaufen, oder haben einfach einen harten Brocken vor sich sitzen, kann es vielleicht sein,
dass Ihr Gegenüber auf Ihre 1. Testfrage mit einem
„Nein" kontert.

Das bisher aufgebaute Vertrauen reicht nicht aus, um den Kunden zum Kauf zu bewegen. Das bedeutet, dass Sie auf der Treppe zurück zum Vertrauensaufbau müssen, Sie machen also einen Rückwärtssprung, damit das „Nein" doch noch zu einem „Ja" werden kann.

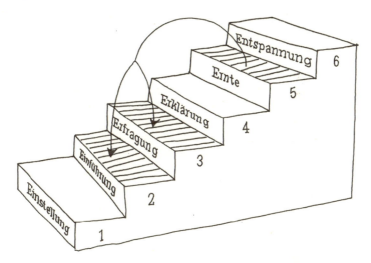

Sprung zurück zum Vertrauensaufbau auf 2 und 3, Abb. 14

Schritt 2: Der Sprung zurück – wo drückt der Schuh?

Ich muss also dann herausfinden, wo es beim Kunden noch „hakt": z.B. kann das ein Problem sein, dass unmittelbar mit der Haustür zusammenhängt, denn die Hausbesitzer möchten vielleicht auch ihren Flur renovieren. Meistens stellen sich diese bisher verschwiegenen „Probleme" als relativ trivial und leicht zu beseitigen dar. Erfragen Sie, welche Gründe sie davon abhalten, das Angebot anzunehmen: „Gibt es sonst noch einen Grund?"

Schritt 3: Bestätigung der Bedenken des Kunden

Denn, wenn Sie herausfinden, wo es hakt – zurück auf der Erfragungsstufe – können Sie auf diese Bedenken eingehen. Hat Ihr Gegenüber dies dann herausgerückt, müssen Sie diese Bedenken unbedingt *bestätigen!*

Verkäufer: „Frau und Herr Kunde, mit Ihren Bedenken bzgl. der Renovierung des Flurs haben Sie Recht, die Farbe der Fliesen ist schon eine Sache, die man sich überlegt haben muss. Wenn wir aber bei unserem Angebot bleiben, können Sie die Fliesenfarbe nach der Haustürfarbe (z.B. weiß) ausrichten. Denn, eines ist sicher, Ihre Fliesen wechseln Sie vielleicht in 10 Jahren gegen einen Laminatboden oder einen Teppichboden. Ihre Haustür ist das Massive. Daran sollten Sie das andere ausrichten. Mit unserer speziellen Renovierungsschwelle kann jeder Handwerker auch die Höhe des Bodens mit der Höhe der Türe anpassen... "

Schritt 4: Erneute Testfrage

Entscheidend ist nun in diesem Moment, nicht scheu zu sein. Diese Testfrage können Sie natürlich variieren und Ihrem Produkt und Ihrem Verkaufsstil anpassen, z.B.

Verkäufer: „Herr/Frau ... , ich zeige Ihnen einmal, wie das schriftlich aussieht... "

    oder

Verkäufer: „Herr/Frau ... , sollen wir das so machen?"

oder

*Verkäufer: „Herr ..., Ihre Frau möchte das so machen,
was meinen Sie?"*

Dieser Moment des Fragens ist wieder einer, an
dem es unfassbar wichtig ist, *nicht* intuitiv zu handeln. Ihr Kunde könnte nun z.b. noch kurz Zögern,
sich am Kopf kratzen, zur Ehefrau schauen, sich
nochmal am Kopf kratzen – wichtig ist, dass Sie dieses Schweigen *auf* **keinen** *Fall unterbrechen.*

Schritt 5: Die Schweigeminute

Geben Sie nicht nach, weil Sie das Schweigen nicht
aushalten können, weil Sie denken, dass Sie den
Kunden mit Ihrem Weiterreden noch überzeugen
können, während er gerade innehält. Diese „Schweigeminute" dient Ihnen als Waffe zum erfolgreichen
Vertragsabschluss – aber nur, wenn *Sie* schweigen
und Ihr Gegenüber zuerst das Schweigen bricht –
und „Ja" sagt. Sonst haben Sie das Ass verspielt und
dürfen nach Hause gehen – ohne Vertrag.

Schritt 6: Das Auftragsformular

Ihr Gegenüber hat das Schweigen zuerst gebrochen
und Sie dürfen Ihren Vertrag schreiben. Tatsächlich
läuft das in den meisten Fällen so ab, *wenn* Sie die
schrecklichen Schweigesekunden über sich ergehen
haben lassen!
Sollten Sie immer noch nicht die positive Antwort bekommen haben, ist das auf keinen Fall ein
Grund aufzugeben, denn es gibt schlicht und ergreifend *noch einen Grund*, den Sie noch nicht herausgefunden haben. Also: wieder zurück auf die Erfragungsstufe! Fahren Sie die Spannung wieder zurück,
entlasten Sie das Gespräch wieder mit belanglose-

ren Themen und nehmen so den Druck heraus. Arbeiten Sie besser an dem Vertrauensaufbau und verstehen Sie Ihr Gegenüber besser, können Sie auch das bisher Verschwiegene noch herausfinden und entkräften.

Natürlich gelingt das nicht immer. Nicht jeder möchte gern zugeben, dass er verschuldet ist oder einfach nur mal jemanden in seinem Wohnzimmer haben wollte, dem er oder sie seine/ihre Lebensgeschichte erzählen wollte. Abgesehen von diesen Fällen, die *in keinem Fall* unsere Vertragspartner werden sollten, ist das Vorgehen mit der 6-E-Erfolgsstrategie aber garantiert Erfolg bringend!

5.3 Reden ist Silber, Schweigen ist Gold

2010 bewarb sich ein erfahrener Verkäufer bei HEIM & HAUS. Für die Einarbeitung fuhren wir zusammen zu einem Termin bei Heilbronn, wo wir ein Haus komplett mit Fenstern bestücken sollten. Wir besprachen vor dem Termin wichtige Aspekte für das Verkaufsgespräch und sein Verhalten als Neuling. Weil ich wusste, dass der Herr ein alter Hase im Verkauf war, sprach ich auch die Schweigeminute an, die selbst von erfahrenen Verkäufern und Verkäuferinnen immer wieder vernachlässigt wird. Er sollte sich also nicht nur während des Redens zurückhalten, sondern vor allem während des Schweigens! – „Ja natürlich, Herr Mack, ich kenn' mich doch aus!"

Bei dem netten Rentnerehepaar und ihrem sehr gepflegten Häuschen ging es insgesamt um Fenster im Wert von 13.900 €. Die 6 Stufen durchliefen wir bilderbuchmäßig. Nach ungefähr 2 Stunden lag der Preis auf dem Tisch und ich fragte den Hausherrn „Herr NetterRentner, sollen wir das so machen?" –

Totenstille. Der Herr schweigt, wendet seinen Kopf zu seiner Frau, die auch schweigt, und wendet seinen Kopf wieder zu mir. Eine gefühlte Ewigkeit später, die Stille knisterte förmlich – „Herr NetterRentner, keine Sorge, der Herr Mack macht Ihnen das Angebot bestimmt auch für 1.000 € weniger!" Ich sah mich selbst in meiner Vorstellung, auf meinen Azubi zu springen und seine Gurgel zu würgen...

Dass der Auftrag fast verloren war, können Sie nun nach den bisher besprochenen Stufen sicherlich erahnen. Ich wählte die Option, den Azubi später zu würgen und zuerst den Auftrag zu retten. Ich sprang also zurück auf die Stufen, die mir den Vertrauensaufbau ermöglichten und schaffte es noch nach 20 Minuten, die Unterschrift zu bekommen. Der Azubi lebt zwar noch, wurde aber nicht von HEIM & HAUS eingestellt.

5.4 Auftrag ausgefüllt

Am Übergang zwischen Erklärung und Ernte ist Ihr Gegenüber – wenn Sie Ihre Stufen sorgfältig abgeschritten sind – fast zum Kauf bereit. In vielen Fällen zögern nun die Verkäufer, wie genau Sie den Übergang von Erklären zu Auftrag-Schreiben schaffen können, ohne eine dumme Frage wie „Sollen wir nun den Auftrag ausfüllen?" zu stellen. Auch diese Situation ist einfach zu bewältigen, indem man das Gegenüber an das Auftragsformular „heranführt". Sie gehen nun das Formular Schritt für Schritt miteinander durch und stellen jede einzelne Passage mündlich vor. Dies kann dann z.B. so klingen:

Verkäufer: „Herr und Frau NetteRentner, ich zeige Ihnen

*jetzt einmal, wie das Ganze schriftlich aus-
sieht."*

[Sie legen das Auftragsformular vor sich auf den Tisch mit
der Schrift in Richtung Kunden; Sie beginnen, das Formular mit seinen Paragraphen der Reihe nach zu erklären
und dabei auf den jeweiligen Abschnitt zu zeigen.]

*„Schauen Sie, hier würden wir Ihren Namen eintragen und
hier Ihre Telefonnummer, hier den Montagetermin und hier
die Typen-Bezeichnung der Haustüre, die Sie sich ausgesucht haben. Hier unten tragen wir dann den Preis ein und
kreuzen hier dann an, wie Sie gerne bezahlen möchten."*

Sie sind durch dieses Verhalten den Kunden gegenüber so offen wie irgend möglich und nehmen dadurch den vielleicht noch herrschenden Bedenken
den Wind aus den Segeln. Wenn Sie nach dem „Vor-
führen" des Formulars mit dem Ausfüllen und Erfragen der nötigen Daten beginnen (ohne zu sagen,
„So, wir füllen jetzt das Formular aus", oder, „Sollen
wir das Formular jetzt ausfüllen?"), kauft der Kunde
nun, weil er sich sicher und informiert fühlt. Er ant-
wortet auf Ihre Fragen und Sie füllen aus. In den wenigen Fällen, in denen sich der Kunde nun gegen die
Erfragung seiner persönlichen Daten wehrt, ist immer
noch nicht Hopfen und Malz verloren. Dann heißt es
wieder einmal – zurück auf die Einführungsstufe!

5.5 Die Gilmer-Taktik

An dieser Stelle gilt mein Dank Herrn Frank Gilmer,
Inhaber der Firma DACOWA Bauelemente in Aschaf-
fenburg. Von ihm habe ich eine Taktik erlernt, die perfekt ist für den Fall, dass gerade die Unterschrift auf
Messers Schneide steht!

Ihr Kunde äußert mehrmals Bedenken, oder kann sich einfach nicht entscheiden, wie z.b.

Kunde: „Herr Mack, das ist sehr viel Geld für uns, wir müssen uns das nochmal überlegen..."

Nun wenden wir die Gilmer-Taktik an:

Verkäufer: „Herr NetterRentner, ich kann Sie voll und ganz verstehen, immerhin geht es hier um einen Betrag von ca. 20.000 € und sowas muss gut überlegt sein. Ich müsste jetzt sowieso noch einen anderen Kunden anrufen und mache Ihnen einen Vorschlag: Ich gehe für 10 Minuten raus zum Telefonieren und Sie können alles in Ruhe mit Ihrer Frau besprechen."

[Sie marschieren dann zügig Richtung Tür und gehen hinaus. Dabei lassen Sie auf jeden Fall Ihre Unterlagen und das Auftragsformular offen auf dem Tisch liegen! Während Sie draußen sind, dürfen Sie nun tun was Sie wollen, denn Ihr Kundentelefonat war der Vorwand, Ihren jetzigen Kunden Freiraum für ein Gespräch zu geben.

Während Sie telefonieren, lassen Sie also den Kunden privaten Freiraum, den sie nutzen, um Dinge zu besprechen, die vielleicht doch *zu privat* für das Verkaufsgespräch sind. Z.B. könnten die Bedenken bzgl. der Finanzen daher rühren, dass die Hausherrin zwar schon gerne kaufen würde, aber sie die Schwiegermutter nach einer kleinen Finanzspritze fragen möchte. Na gut, vielleicht nicht gerade die Schwiegermutter, aber den Bruder. Solche Dinge führen zu Hemmungen, die verständlicherweise nicht gern vor dem Verkäufer ausgesprochen werden wollen.

Sie stiefeln dann nach 10 Minuten Telefonat wieder zum Haus und klingeln. Wenn sich die Tür öffnet, strecken Sie Ihre Hand aus, schütteln Ihrem Kunden die Hand und beglückwünschen ihn mit folgendem Satz:]

Verkäufer: „So, Herr NetterRentner, dann darf ich Sie
als neuen HEIM & HAUS Kunden beglückwünschen!"

Herr NetterRentner ist baff und glücklich.

Kurz und knapp

Verwenden Sie als Hilfestellung bei Ihren nächsten
Aufträgen die oben vorgeschlagenen Fragestellun-
gen und passen Sie auf Ihr eigenes Metier an. Das
wichtige Instrument des Testabschlusses müssen
Sie blind beherrschen und bei entsprechender Re-
aktion der Kunden auf Ihre Fragen die richtigen Ent-
scheidungen treffen: gehen Sie weiter zum Verkauf
oder erkennen Sie Misstrauen und fehlendes Vertrauen aufgrund des mangelhaften Stufenaufbaus.
Wenn dies so ist, begeben Sie sich zurück auf die
Einführungs- und Erfragungsstufen, um weiter am
Vertrauen zu arbeiten.

Gehen Sie konstruktiv und präzise auf die Einwände Ihrer Kunden ein. Jeder Einwand ist relevant
und wichtig für Ihr Gegenüber, daher verdient es
auch, von Ihnen aufgenommen und entkräftet zu werden. Haben Sie die Einwände *bekräftigt* und dann
durch Ihre Erklärungen *entkräftet*, können sowohl
Sie auch Ihr Kunde wieder aufatmen.

Unterschätzen Sie niemals die Bedeutung der
Schweigeminute, die sich, wenn sie von Ihnen gebrochen wurde, teilweise auftragsvernichtend auswirken
kann.

Haben Sie diese Punkte alle bedacht, ausgeführt
und den Auftrag unterschrieben vor sich liegen, dürfen Sie nun zur verdienten Entspannung übergehen.

6. Die Entspannung

Tu erst das Notwendige,
dann das Mögliche,
und plötzlich schaffst du das Unmögliche.
Franz von Assisi

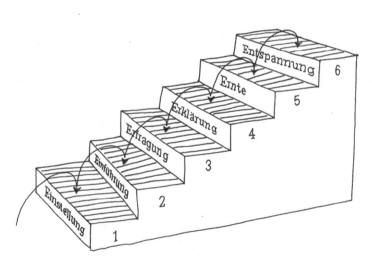

Schritt auf die Entspannungsstufe, Abb. 15

Nach dem Ausfüllen des Auftragsformulars und der ersehnten Unterschrift sitzen Sie nun also auf dem Wohnzimmerstuhl und lehnen sich erleichtert, entspannt und zufrieden zurück. Genießen Sie diesen

Moment – das ist zwar kein Befehl, aber ein gut ge-
meinter Ratschlag. Auch dieser Moment macht Sinn,
denn Ihr Kunde weiß ganz genau, dass es Ihnen hier
auch um etwas geht, also dürfen Sie sich auch entspannt zurücklehnen. Stehen Sie bloß nicht ruckartig
auf, berichten dem Kunden womöglich noch, dass da
der nächste Termin auf Sie wartet und Sie es jetzt
leider eilig haben! Die Unterschrift haben Sie zwar in
der Tasche, wenn Sie sich aber *jetzt* abweisend verhalten, zweifelt Ihr Gegenüber den Kauf an, weil Sie
ihm plötzlich unsympathisch werden. Dieses Verhalten passt nicht zum Rest, denn davor haben Sie sich
ja auch Zeit genommen, warum also jetzt abhauen?

Die Entspannungsstufe müssen wir deswegen als
eigene Stufe betrachten, die im Hinblick auf das Ge-
samtkonzept auf keinen Fall vernachlässigt werden
darf. Wenn Sie ein Interesse daran haben, dass Ihr
Kunde auch während des Wartens auf den Einbau
bzw. die Produktanlieferung und dann auch im weiteren Kontakt mit Ihrer Firma oder vielleicht sogar Ihnen persönlich, ein weiterhin gutes Verhältnis pflegt,
dürfen Sie nun nicht einfach aufstehen und gehen.
Die Storno-Gefahr erhöht sich dadurch in Sekunden-
schnelle.

Während Sie langsam Ihre Sachen zusammenpa-
cken, können Sie beispielsweise nach einer weiteren
Tasse Kaffee fragen. Sie begeben sich erneut auf die
Einführungsstufe und knüpfen bei belanglosen Themen an, die z.B. auch mit dem dann in der Zukunft
eingebauten Produkt zu tun haben können.

Ihre vorher entdeckten Gemeinsamkeiten kommen nun wieder ins Gespräch. Trinken Sie gemütlich
Ihre Tasse aus und lenken nochmal zum Thema des
verkauften Produktes. Sie können nun den Kunden
darauf hinweisen, dass Sie gern beim Aufmaßtermin

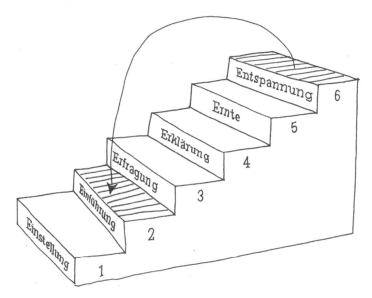

Sprung zurück zur Vertrauenspflege, Abb. 16

dabei wären. Dies wird den Kunden vielleicht überraschen, aber Sie machen so weiterhin einen positiven Eindruck und der Kunde erhält ein stringent bemühtes Bild von Ihnen: Sie sind interessiert daran, dass der Auftrag *insgesamt* gut verläuft, und dazu gehört eben auch das Aufmaß, der Einbau und wie es sich in dem Häuschen danach wohnt.

Kommen Sie dann zu dem Aufmaßtermin zusammen mit dem Monteur und sollte es sich herausstellen, dass es ein Problem mit Ihrem Auftrag gibt, z.B. dass sich der Auftrag so nicht realisieren lässt, sind Sie vor Ort und können mit dem guten Verhältnis zum Kunden das Problem sofort angehen, klären und den Auftrag entsprechend anpassen. Meistens sind Ihnen die Kunden gar nicht böse, denn Fehler passieren nun einmal und Sie waren von Anfang an dabei und bei einem auftretenden Problem haben Sie sofort gehandelt. Sind Sie allerdings beim

Aufmaß nicht dabei und es passiert etwas Ähnliches, sieht das schon schwieriger aus. Der Kunde ruft verärgert an, es muss ein neuer Termin vereinbart werden, bei dem Sie dann sowieso vor Ort sein müssen und der Rattenschwanz beginnt...

Ziehen Sie also Ihre neu gewonnene Haltung bis zum Ende durch und Sie werden sehen, dass es Ihnen bald schon sehr einfach fallen wird, die sechs Stufen abzugehen. Oft passiert es mir nach geschriebenen Terminen, dass mich zufriedene Kunden anrufen, oder ich im Gebiet bei Ihnen vorbeifahre und immer noch einen Kaffee bekomme.

Kurz und knapp

Vernachlässigen Sie die Entspannungsstufe nicht, weil Sie sich über den abgeschlossenen Kaufvertrag freuen. Begeben Sie sich zurück auf die Einführungsstufe, um die erfolgreiche Beziehung zu bestätigen – Sie feiern zusammen mit Ihren Kunden den Kaufvertrag. Dann wird auch die Zeit bis zum Einbau für Ihre Kunden angenehm und eventuell auftretende Einbauprobleme oder sonstige Koordinationsprobleme können auf der Grundlage Ihres aufgebauten Vertrauens besser gelöst werden, denn Ihre Kunden sind Ihnen positiv gesonnen.

7. ... also 1. Die Einstellung

Wir sind, was wir denken.
Alles was wir sind, entsteht mit unseren Gedanken.
Mit unseren Gedanken formen wir die Welt.

Buddha

Wenn Sie mein Buch bis zu dieser Stelle gelesen haben, machen Sie mich sehr glücklich! Wenn es Ihnen aber auch noch gefallen oder Ihnen in manchen Bereichen die Augen geöffnet hat, machen Sie mich sogar zum glücklichsten Menschen der Welt.

Jetzt könnte ich Sie doch endlich in Ihren verdienten Feierabend entlassen und Sie damit ins Testgebiet losschicken. Die sechs Stufen haben Sie nun vor Ihrem geistigen Auge. Die Grundlage jeder Strategie, jeder Theorie jedoch ist – im wahrsten Sinne des Wortes – ihre Basis. Sie mögen mir hier bitte diesen Zirkelschluss verzeihen, denn es kommt mir darauf an, nochmals zu verdeutlichen, *was* die Grundlage der 6-E-Verkaufsstrategie (und eben auch jeder anderen) ist: ihre Einstellung; um genauer zu sein, *Ihre* Einstellung.

Mit unseren Gedanken formen wir die Welt.

Diese Weisheit wiederhole ich an der Stelle ganz bewusst. Wenn wir diesen Satz *wirklich* verstanden

und verinnerlicht haben, dann haben wir genaugenommen das Leben als Solches verstanden. Diesen
Augenblick müssen Sie sich auf der Zunge zergehen
lassen, denn wer kann schon von sich behaupten,
solch eine zutiefst philosophische Frage gelöst zu haben?! Wir!

Wir sind *heute* das, was wir in der *Vergangenheit*
gedacht haben und werden *morgen* das sein, was wir
heute denken.

Wie anfangs schon vermutet, ist dies vielleicht
nicht Ihr erstes Buch zum Thema „Erfolg". Bücher
wie „Sorge dich nicht, lebe" von Dale Carnegie oder
„Die Macht Ihres Unterbewusstseins" von Dr. Joseph
Murphy[31] werden Ihnen dann vielleicht kein Fremd-
wort sein. Vor allem auch Erfolgsbücher aus und
für den Verkäufer-Bereich haben riesigen Absatz gefunden. Ein Klassiker des Direktverkaufs findet sich
schon in den 1980ern, bei Brian Tracy[32], der vor allem auf die *menschliche Beziehung* eingeht. Ich kann
diesem Herrn nach Anwendung seiner Tipps nur ve-
hement zustimmen und verweise daher gerne und
immer wieder auf seine Werke.

Für Diejenigen, die mit den Lektüren nicht vertraut
sind, löse ich nun auf, was es mit unseren Gedanken
und dieser ominösen „Bestellung" auf sich hat...

7.1 Heiße Sohlen

Bei mir ging das Ganze um das Jahr 1998 los.
Ich kann Ihnen heute nicht einmal mehr genau
sagen, welches der unzähligen Bücher das erste
zu dem Themenkomplex war. Ich verschlang Émile
Coués[33] Lektüren, besuchte Seminare bei Frau Vera
F. Birkenbihl[34] und versuchte, meinen unerschöpflich
erscheinenden Wissensdrang in Sachen „Unterbe-

wusstsein" zu befriedigen. Die Erfolge wurden auch langsam immer deutlicher und ich war unglaublich positiv gelaunt, mich konnte nichts aus der Bahn werfen. 2001 besuchte ich das Feuerlauf-Seminar von Anthony Robbins[35], denn ich fühlte mich schon um einiges selbstbewusster und wollte den Herausforderungen entgegengehen. Mit ein paar Kollegen zusammen im Auto nach Frankfurt sinnierten wir über die drei kommenden Tage, Freitag Power, Samstag Power, Sonntag noch mal Power und dann ab über die glühenden Kohlen! „Von wegen!", sagte ich, „Ich kann mir nicht vorstellen, dass der uns so aufpumpt, dass ich wirklich über den Kohleteppich laufe!" Meine Kollegen schlossen sich meiner Meinung an – das Kohle-Laufen wollten wir den anderen überlassen.

Das Seminar begann freitags um 11.00h mit der lapidar erklärten Feuerlauf-Technik Anthony Robbins. Es wurde geklärt, wie unsere Körperzellen funktionieren und wie sie mit unseren Gedanken zusammenhängen. Gegen 13.00h führte er mit uns eine „Suggestion"[36] durch und ab diesem Zeitpunkt sollten wir nur noch an kaltes Moos denken. Ahja! Kaltes Moos. Was auch sonst. Wir liefen auf die Kohle zu, den Kopf nach oben haltend und riefen „Kaltes Moos! Kaltes Moos! Kaltes Moos!" Ich hatte gerade einen 8 Meter langen Kohleteppich abgelaufen. Unsere Hosenbeine sollten wir davor hochkrempeln, *ohne zu wissen*, dass die Kohle auf uns wartet.

Nicht also, wie wir dachten, am Ende des Seminars und mental aufgeladen und gestärkt, mussten wir über den Kohleteppich. Nach dieser unglaublichen ersten Etappe des Seminars ging das eigentliche Seminar erst los. Frei nach dem Motto: *Das* war erst der Anfang! Im selben Jahr las ich außerdem noch das „Power Prinzip" von Robbins[37], woraus ich bis heute viel verinnerlicht habe und anwende.

Rückblickend kann ich über mich selbst sagen, dass ich lange Zeit vieles nur langsam oder nicht ausreichend begriffen habe, sei es, weil ich nicht genau aufgepasst, oder weil ich eine Anti-Einstellung hatte und dann sowieso nichts fruchten konnte. Jetzt weiß ich allerdings ganz genau, was ich falsch gemacht habe. Und das ist schließlich das Wichtigste – aus seinen eigenen Fehlern zu lernen.

Artur Lassens[38] „Heute ist mein bester Tag" und ähnliche Bücher folgten reihenweise nach diesem Seminar. Meine Erfolgsquote im Verkauf und im Aufbau der Verkaufsorganisation stieg stetig an. Jedoch hatte ich mit extremen Schwankungen von unfassbar guten bis unfassbar schlechten Verkäufen zu kämpfen. Mit dem heutigen Wissen allerdings sind solche Schwankungen ganz einfach nicht mehr möglich. Aber auch der Verkaufstitan war eben mal jung und musste lernen. Und ausgelernt hat man nie!

7.2 Die Macht eines Geheimnisses

2007 kam es zu einem kleinen, damals schockierenden Durchbruch. Ich war in Singen am Bodensee und hielt einen Vortrag zum Thema Verkaufen. Eine Seminarteilnehmerin sprach mich nach dem Vortrag an, sie war völlig begeistert von dem Seminar, und fügte hinzu, dass ich eine sehr positive Ausstrahlung hätte, die, so die Dame, wohl aus meiner positiven Einstellung resultieren müsse. Sie fragte mich zum Schluss noch, ob mir „The Secret" von Rhonda Byrne[39] ein Begriff sei.

Am nächsten Tag hielt ich „Das Geheimnis" in meinen Händen, am Abend war es durchgelesen und der Inhalt fiel mir geradezu wie Schuppen von den Augen. Alles, was ich mir in vielen Jahren mühsam erarbeitet hatte, schrieb sie hier verständlich nieder.

Dieses „Geheimnis" ist schon Jahrtausende alt und im Buddhismus, im Christentum und anderen Weltreligionen enthalten. Um genau zu sein, hat es kein Alter, denn es ist ein allgemeingültiges *Gesetz*, das sozusagen unabhängig von der Zeit existiert. Überall wird immer und immer wieder von ein und demselben gesprochen: „Gedanken werden wahr!" Ich saß da und fragte mich, wie es möglich sein konnte, so lange blind durch die Welt gelaufen zu sein. Aber was meine ich damit?

Byrne erklärt in einfachster Form die „Bestellung ans Universum". Bei „richtiger" Bestellung wird das Universum liefern, was auch immer Sie bestellt haben bzw. haben möchten. Sollten Sie über dieses Thema noch nie etwas gehört haben, halten Sie mich jetzt wohl für verrückt. Und Sie müssen nun sogar noch eine weitere Anekdote abwarten, bis ich Ihnen die wissenschaftliche Grundlage der „Bestellung" erläutern werde!

Bisher hatte ich also u.A. gelernt, dass meine Wünsche und Ziele nur dann in Erfüllung gehen konnten, wenn ich sie mir so echt und konkret wie möglich vorstellte, immer wieder vorsagte und aufschrieb. Je klarer sie vor meinen Augen waren, umso wahrscheinlicher würden sie eintreten. Also schrieb ich mir alle Wünsche klar und deutlich auf und „bestellte" diese. Damit ich auch täglich in dieser Gedanken-Übung blieb, plakatierte ich im wahrsten Sinne des Wortes meine damalige Wohnung mit Bildern meiner Wünsche. An der Decke über dem Bett hing z.B. in DIN A4 Größe das Wort „Dankbarkeit", an dem Inneren des Toilettendeckels, „Nicht verges-

sen, dankbar zu sein", auf der Kaffeemaschine dasselbe und auch an der Innenseite der Kühlschranktü-
re: „Dankbarkeit". Am Badezimmerspiegel hatte ich
meine Ziele auf Bildern festgehalten. Auf dem Ar-
maturenbrett meines Autos hing das Bild von meinem Traum-Auto. Ich weiß, das ist sehr seltsam, man
möchte fast sagen, problematisch. Aber warten Sie
noch ein wenig ab – die Ergebnisse werden Sie um-
hauen!

So begann mein tägliches Ritual, im Bett die Augen auf und da stand „Dankbarkeit". Sofort stoppte
ich die negativen Gedanken in dem ich alles aufzähl-
te, wofür ich dankbar war. (Die Gesundheit, die tollen Kinder, den tollen Körper den ich habe usw.) Am
WC angekommen, wurde ich weiter daran erinnert.
Der nächste Gang war zur Kaffeemaschine und dann
zum Kühlschrank. Nach dem Kaffee, ging es ins Bad
zum Zähneputzen und da waren Sie wieder, meine
Wünsche, ich fühlte beim Zähneputzen wie all meine Bestellungen schon eingetroffen waren. Ich spürte
die Vibration meines Traumautos. Draußen, im Auto
angekommen, wartete wieder das Bild meines Traumautos auf mich.

Es änderte sich jedoch nichts. Mit der Firma, bei
der ich zu dieser Zeit arbeitete, ging wirklich alles
schief. Sie bezahlte die Provisionen über 4 Monate hinweg nicht aus, meine finanziellen Polster waren aufgebraucht und ich stand mit dem Rücken zur
Wand. Parallel dazu klopfte die Firma HEIM & HAUS
schon seit Jahren bei mir an, der Vertriebsleiter, Wal-
ter Erfle, lud mich jedes Jahr an Weihnachten zum
Essen ein. Seltsamerweise hatte mich aber immer
wieder etwas davon ferngehalten, bei der Firma zu
beginnen. Im Oktober 2007 – und das meine ich to-
ternst – sprach wirklich eine innere Stimme zu mir,

„Ruf den Erfle an, ruf ihn an!" Dieser Anruf war für mich wohl der beste meines Lebens. Was geschah also nach diesem Anruf: Im darauffolgenden Jahr wurde ich bei der Firma bester Neulingsverkäufer, denn schon im August 2008 hatte ich zu meinen eigenen Umsätzen noch weitere Verkäufer aufgebaut und erfolgreich ausgebildet. So wurde ich im August zum Bezirksleiter ernannt und schrieb bis Dezember einen Umsatz von 550.000 €, zusammen mit den von mir eingestellten Verkäufern kamen wir auf beachtliche 1,8 Mio. € Umsatz. HEIM & HAUS blieb danach sozusagen gar nichts anderes übrig, als mich noch im selben Jahr zum Verkaufsleiter zu ernennen. 2009 waren wir beste Verkaufsleitung Deutschlands und ich hatte den besten Neulingsverkäufer, Ullrich Diemer, mit einem Umsatz von 660.000 € ausgebildet. Damit war Ullrich Diemer bester Neulingsverkäufer seit *Gründung von HEIM & HAUS*. 2010 konnte ich mir dann von meinem bis dahin gesparten Geld nicht nur mein Traum-Auto, sondern sogar eine Nummer größer leisten.

Zurückblickend muss ich sagen, dass das Universum definitiv *alles* „geliefert" hat, was ich „bestellt" habe. Einige Dinge, da will ich auch ehrlich sein, vielleicht etwas abweichend von meinen konkreten Wünschen. Das Endergebnis, sozusagen die „Bestellungen unterm Strich", hat mich aber umgehauen.

7.3 Die Grundlage allen Erfolgs

Im Sommer 2012 stieß ich durch Zufall[40] auf eine Lektüre des österreichischen Self-made-Millionärs Helmut Ament, „Das Ultimative Erfolgsgeheimnis"[41]. Hier wird nachvollziehbar erklärt, wie Gedanken unser Leben beeinflussen, je nachdem, ob sie positiv oder negativ sind und wie wir unser Leben mit diesem Wissen verbessern können. Bevor ich Aments Buch zum Lesen in die Finger bekam, war ich schon von Bestellungen ans Universum überzeugt, weil sie tatsächlich klappten. Nach der Lektüre allerdings, war ich nicht nur darin bestätigt, dass es klappte, sondern war mir auch über die Funktionsweise der Bestellungen bewusst.

Ament beschreibt einerseits die wissenschaftliche Grundlage der „Bestellung", die man – wenn man das möchte – in der Physik verorten kann. Max Planck[42], Albert Einstein[43] und David Bohm[44] werden u.A. zu Rate gezogen, um den materiellen Aufbau der Welt und somit uns selbst zu erklären. In absolut kurzer Kurzform (die so selbstverständlich die Wahrheit beschneiden muss), sieht das Ganze dann in etwa so aus[45]:

Andererseits zieht Ament daraus – wie auch schon viele weise Menschen vor ihm, u.A. auch diejenigen, die Religionen geprägt haben – Schlüsse auf unser Leben und wie wir das Geheimnis lüften und mit ihm entspannt, erfolgreich und vor allem auch zufrieden leben können.

Wie ich auch, hatte Ament anfangs lange Bedenken, dass das Ganze ein Taschenspielertrick oder Werbegag sein könnte und wollte es am eigenen Leib erfahren. So ging er dabei, ähnlich wie ich auch mit einer regelmäßig wiederholten Selbstbeeinflussung vor, die Wiederholung seiner Wünsche über längere Zeit hinweg.[46]

Als er sah, dass es bei ihm funktionierte, fing er an, seine Mitarbeiter zu schulen, aber ohne vom „Geheimnis" o. Ä. zu sprechen, sondern gab Handlungsanleitungen und Tipps. Bei vielen zeigte sich schon schnell eine positive Veränderung. Bei denen, die

Wir Menschen
bestehen aus
Materie.

Materie besteht
aus Atomen.

Atome bestehen
zu 99,99% aus
Nichts, und doch
haben sie
wahnsinnig viel
Energie.

Diese kann mehr
positiv oder
negativ geladen
sein.

Wir Menschen
sind Materie.
Wieso sollten wir
uns dann nicht
auch positiv oder
negativ aufladen
können.

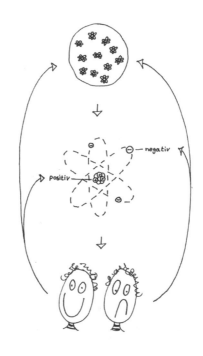

*Zusammmenhang Materie, Energie und
Mensch, Abb. 18*

keine Verbesserungen aufweisen konnten, lag meistens zugrunde, dass sie sich mit den Tipps einfach
nicht anfreunden konnten, besser gesagt, nicht daran „glauben" wollten.

Die Lebensweisheiten im Bereich des Denkens,
des Glaubens und deren Einflussbereichen zielen
allesamt – aus welcher Religion auch immer stam-
mend – auf einen Punkt ab: „Der Mensch, der man
heute ist, der Charakter, die Persönlichkeit, die Le-
bensumstände resultieren aus dem, was man bisher
gedacht und geglaubt hat. Das heißt: Man ist das

Ergebnis der eigenen Gedanken, Erfahrungen und Überzeugungen."[47] Aments praktische Übungsanleitungen helfen Ihnen, Ihre positiven Gedanken auch in Taten umzusetzen und bei Ihrer positiven Haltung beharrlich zu bleiben. Rückschläge sind kein Scheitern, sondern kleine Fehltritte auf dem Weg zum Erfolg – den Sie aber in Ihren Gedanken immer wieder neu bekräftigen müssen!

7.4 Schwänke wie Sand am Meer

Abschließend möchte ich noch einige Anekdoten zum Besten geben, die man sich aus einem Bilderbuch ausgesucht haben könnte. Sie zeigen auf unterschiedliche Art und Weise entweder verschiedene Aspekte der 6-E-Verkaufsstrategie oder die Unabdingbarkeit der Grundlage – der Einstellung.

7.4.1 Der Entspanntere triumphiert

Im März 2013, es war an einem Samstag, meine 17-jährige Tochter drängelte schon den ganzen Morgen, sie müsste heute noch unbedingt zum Media Markt. Es ist allseits bekannt, dass es keine gute Idee ist, das samstags zu tun, weil dort die Hölle los ist und für meinen Samstag hatte ich mir Entspannenderes vorgestellt. Wir fuhren dann aber doch noch nach Bruchsal und konnten schon von weitem das Verkehrschaos auf dem Parkplatz erkennen. Als wir in der Autokette in den Parkplatz einbogen, bemerkte ich, wie der vorausfahrende Fahrer schon ganz nervös wegen der Verkehrsdichte war, man konnte an seinem hektischen Fahrstil und Rumgefuchtel direkt erkennen, wie er sich wegen der Autoschlange vor sich aufregte. Ich war die Ruhe selbst, denn mir

konnte nichts passieren, mein Parkplatz war mir sicher. Als wir in der Schlange am Haupteingang vor-
beistotterten und mein Vordermann einen immer ro-
teren Kopf bekam, sah ich ein Fahrzeug direkt neben
dem Haupteingang den Rückwärtsgang einlegen. Da
mein Vordermann schon etwas zu weit vorgefahren
war, konnte er dies nicht sehen, woraufhin ich mein
Auto einfach ausfahren ließ und direkt am Haupteingang parken konnte.

Bester Parkplatz, Abb. 19

Meine Tochter ist von mir solche „Zu-Fälle" schon
längst gewohnt und grinst dann nur noch.

Wenn ich heute zurückblicke, kann ich solche und
ähnliche Situationen unmöglich alle aufzählen. Viele
meiner Mitarbeiter und Bekannten haben mit mir immer und immer wieder Vergleichbares erlebt. Wenn
Sie über diese Geschichte ein wenig schmunzeln
mussten, kommt es jetzt noch viel besser. Bis zu diesem Zeitpunkt dachte ich, das ist es, es klappt, ich

bin erfolgreicher denn je, mit meinem Leben zufrieden und es geht nur noch bergauf. Dass da aber immer noch unfassbar viel Potential und Platz zur Steigerung war, dachte ich damals nicht.

7.4.2 Die „bestellte" Werberin

Ich klingelte in Berg in der Pfalz an einem Haus, das schon mit Dachfensterrollläden von HEIM & HAUS ausgestattet war. Die Dame, die mir die Türe öffnete, grinste mich an und meinte, sie und ihr Ehemann seien mit unserem Einbau sehr zufrieden, aber bräuchten nichts Neues. „Das Einzige, was ich gerne tun würde", meinte sie, „ich würde gerne für Sie klingeln gehen und Termine machen!" Zu dem Zeitpunkt, Sie mögen es glauben oder nicht, hatte ich mir eine neue Werberin „bestellt", ja, etwas witzig und fast schon anzüglich klingt das schon. Aber so war es nun einmal und da stand sie nun – ich konnte es selbst kaum glauben.

Doch sie meinte es ernst und so ging es schon am nächsten Morgen los. Sie war zwar schon Rentnerin aber nach kurzer Zeit war sie unschlagbar „an der Tür" und machte sehr qualifizierte Termine mit den Kunden für mich aus. Letztendlich war diese „Bestellung" natürlich für uns beide gut, denn zum einen arbeiteten wir viel zusammen, wodurch natürlich eine ganz andere Motivation zustande kam, und zum anderen konnte sie sich als Rentnerin so den einen oder anderen Groschen dazuverdienen.

In dieser Zeit unterhielten wir uns oft über das Thema „Bestellung ins Universum". Sie war in diesem Thema sehr belesen, z.B. kannte sie relevante Passagen aus der Bibel im Bezug auf die „Bestellung" und deren Funktionsweise, und setzte sie daher in der Akquise ohne Probleme um. Trotz dieses

Wissens war sie immer wieder fasziniert von meinen „bestellten" und dann auch eingetroffenen Parkplätzen – direkt vor den jeweiligen Gebäuden natürlich. Zusammen hatten wir also auch eine Art Ritual, das wir jeden Morgen durchführten. Wir fragten uns gegenseitig, wie viele Termine bzw. Verkaufsgespräche wir uns für heute „bestellt" hatten und kamen dann nach getaner Arbeit zum Check wieder zusammen. Die Ergebnisse waren unglaublich!

Eines Morgens fuhren wir wie immer in unser Gebiet, um „klingeln zu gehen". Die Dame hatte sich an diesem Tag bis 12.00h zwei Termine „bestellt"; ich natürlich als Vorbild und zum Ansporn drei. Um 11.50h trafen wir uns wieder am Auto und fuhren Richtung Heimat. Ergebnis: Sie hatte zwei Termine geschafft, aber ich leider auch nur zwei. Sie grinste mich an: „Na, da hast du wohl was falsch gemacht mit deiner Bestellung! Meine ist vollkommen eingetroffen!" In diesem Moment fuhren wir an einem Bauernhof vorbei und ich trat voll auf die Bremse, denn es blitzten mir zwei Roto-Dachfenster *ohne* Rollläden entgegen. Ich stieg aus, klingelte und stellte meine Standard-Frage. Die Dame, die mir die Tür geöffnet hatte, schaute mich ganz verdutzt an und fragte, ob ich von ihrem Mann angerufen worden wäre, was ich verneinen musste. „Heute Morgen habe ich zu meinem Mann gesagt, wenn er jetzt nicht endlich Rollläden da drauf macht, dann gibt's einen Ehekrieg!" Als ich wieder ins Auto stieg, war es 10 nach 12, Magdalena schaute mich verwirrt an und war kreidebleich. Ich musste mir das jetzt rausnehmen und sie ein bisschen nerven: „Ok, 10 Minuten später eingetroffen, aber das kann man gerade noch gelten lassen, stimmt's?" Der restliche Heimweg war von tiefem Schweigen geprägt – sie war wirklich total geschockt.

7.4.3 Seien Sie dankbar

Nehmen Sie sich ein Blatt Papier und schreiben Sie auf, wofür Sie in Ihrem Leben dankbar sind. Sie fragen sich nun, was Ihnen diese Empfehlung nützen soll...

Kennen Sie den beeindruckenden Werdegang von Alessandro Zanardi?

Er startete zwischen 1991 und 1999 bei 41 Grand-Prix-Rennen zur Formel-1-Weltmeisterschaft. 1997 und 1998 errang Zanardi jeweils die Champ-Car-Meisterschaft. Im Jahr 2001 verunglückte er jedoch bei einem Rennen dieser Serie auf dem Euro-Speedway Lausitz schwer und ist seitdem beinamputiert. Zwischen 2005 und 2009 fuhr Zanardi wieder Automobilrennen und nahm für BMW an der Tourenwagen-Weltmeisterschaft (WTCC) teil. 2012 wurde er zweifacher Paralympics-Sieger in der Disziplin Handbike. Dieser Mann ist wegen seines starken Kampfwillens so erfolgreich geworden und geblieben. Aber mehr noch! Berühmt wurde er nicht nur deswegen, sondern vor allem, weil er mit seinem Schicksal positiv umgeht – er strahlt vor Glück, dass man es kaum glauben kann. In seinen Interviews berichtet er, dass er überaus dankbar ist, was ihm gegeben wurde.[48] Sie fragen sich vielleicht, weswegen Sie nun dankbar sein sollten, Sie haben solch einen schrecklichen Unfall nicht erlebt und sind davongekommen. Doch denken Sie nur ein wenig nach, Ihnen fallen mindestens 10 Gründe ein, für die Sie dankbar sein könnten – und es aber nicht sind. Der Alltag verschlingt diese Gründe immer wieder, oder wir nehmen vieles einfach für gegeben hin. Also nochmal: Schreiben Sie diese Liste, machen Sie dieses kleine Experiment: Erstens werden Sie erstaunt sein, für *welche* Dinge Sie dankbar sind und zweitens können

Sie sie so täglich immer wieder vor Augen haben und Sie sich wieder ins Gedächtnis rufen. Denn Dankbarkeit macht glücklich! Es wird einem nämlich bewusst, was man *hat* und man beschwert sich nicht dauernd über das, was einem *fehlt*.

Diese Liste können Sie sich dann wo auch immer Sie mögen aufhängen und sich immer wieder durchlesen. Bald schon kennen Sie Ihre Punkte auswendig und brauchen die Liste nicht mehr. Sie werden merken, dass es Ihnen von Tag zu Tag besser geht und Sie die Dinge nicht mehr so negativ betrachten, sondern deren positive Aspekte erkennen. Ein kleines Praxisbeispiel zur Dankbarkeit schließt mit diesem Thema:

Einer meine besten Verkäufer, Andre Hoffmeister, begann im Januar 2010 bei HEIM & HAUS seine Verkäuferkarriere. Zuvor hatte er als Schlosser gearbeitet und seinen Arbeitsplatz 2009 verloren. Er war hoch motiviert und sehr fleißig, er erlernte die Informationen über die Produkte und die Preisliste relativ schnell und setzte das Wissen schnell um. Schon im zweiten Monat hatte er Umsätze von über 30 000 € realisiert. Leider hatte er im Privatleben weniger Glück, man könnte sogar von einer länger anhaltenden Pechsträhne sprechen. Daheim gab die Heizung den Geist auf, seinem Sohn flog der Motor seines Autos um die Ohren und auf dem Weg zu einem Termin ging Herrn Hoffmeister sein Motor des Firmenwagens kaputt. Jeder Tag überbrachte eine neue Hiobsbotschaft. Er löste ein Problem, da standen schon zwei neue vor seiner Tür.

Eines Abends saßen wir zusammen bei einem Bier und ich erklärte ihm die Macht der Dankbarkeit. Dass ich mir die Dinge in meinem Leben, für die ich dankbar bin – obwohl es mir auch manchmal schlecht geht – regelmäßig vor Augen halte und mich das hochzieht. Noch am gleichen Abend schrieb er seine Liste, seine Frau war davon auch begeistert und so schrieben sie beide ihre Listen und täglich ihre Dankbarkeitsübung.

Schon ein paar Tage später bekam ich einen fröhlichen Anruf von ihm, in dem er mir berichtete, wie gut er sich mit den Übungen fühle, seit er sich immer wieder klar mache, was er alles im Leben geschenkt bekommen hatte. Es dauerte keine Woche und seine Pechsträhne war vorbei, plötzlich geschahen sogar ganz entgegengesetzte Dinge. Wir Verkäufer müssen ja normalerweise schon harten Einsatz zeigen. Herr Hoffmeister kam aber eines Tages nach einem Bankbesuch zu seinem Auto zurück und fand an seinem Scheibenwischer einen Zettel: „Guten Tag, ich brauche Fenster." Telefonnummer darunter. 3 Stunden später hatte er einen Fensterauftrag über 20.000 € in der Tasche. In diesem Jahr wurde er bester Neulingsverkäufer bei HEIM & HAUS und leitet heute die Bezirksleitung Unterfranken im Raum Heilbronn.

7.4.4 Der Pfarrer auf dem Dach

In einer Kleinstadt stieg nach wochenlangem Regen der Wasserpegel auf einen so bedrohlichen Pegel, sodass der Bürgermeister die Menschen zum Verlassen ihrer Stadt auffordern musste.

Als die Feuerwehr mit einem LKW in Richtung Kirche fuhr, war der Pfarrer dort schon auf die Kirchenmauer gestiegen. Die Feuerwehrmänner riefen den Pfarrer zu sich, wollten ihm in den LKW helfen und dann die letzten wenigen Einwohner, die noch bis jetzt in ihren Häusern ausgeharrt hatten, evakuieren. Der Pfarrer sprach mit ruhiger Stimme: „Vielen Dank, aber ich werde nicht einsteigen, denn ich vertraue Gott, der mir helfen wird." Als das Wasser weiter anstieg und der Pfarrer gezwungen war, auf das Kirchendach zu klettern, fuhr der THW mit einem Rettungsboot an der Kirche vorbei. „Herr Pfarrer, Sie werden ertrinken, wenn Sie nicht einsteigen!" – „Nein, danke, nicht nötig, ich vertraue Gott, er wird mir helfen." Ein Hubschrauber des Roten Kreuzes flog über die Wasserfläche, die ehemals die Kirche war und konnte einen herausragenden Kopf erkennen. Auch der Co-Pilot, der eine Leiter zum Pfarrer herunterließ, konnte ihn nicht überreden, hinaufzuklettern. „Nein, danke, ich vertraue Gott, er wird mir helfen." Wie erwartet stieg das Wasser weiter an und der Pfarrer ertrank. Bei Petrus an der Himmelspforte angekommen fragte der Pfarrer voller Zorn, was er denn falsch gemacht habe, da er jetzt tot sei. „Ich habe mein Leben lang nach Gottes Vorgaben gelebt, viel Gutes getan und immer auf ihn vertraut. Wieso tut er mir das an...?"

Petrus schaute ihn verwundert an und sagte: „Er schickte die Feuerwehr, das THW und das Rote Kreuz, mehr kann Dir selbst Gott nicht helfen!"

7.5 Wat is denn nu mit der Einstellung?!

Das bis hier Beschriebene ist also definitiv einer der Hauptfaktoren für Erfolg und ich würde sogar behaupten, dass alle langfristig erfolgreichen Menschen diese Denkweise in sich tragen, ob bewusst oder unbewusst. Es sind deren Gedanken, die über ihren Erfolg oder Misserfolg entscheiden. Genau diese Gedanken haben eine unvorstellbare Auswirkung auf den von uns so bezeichneten „Zufall".

Die positive Einstellung, also Ihre Denkweise, ist maßgeblich für den Ausgang der Situationen, sehen Sie das Glas halb leer oder voll, was können Sie Positives aus einer vermeintlich ausschließlich negativen Situation für sich gewinnen? Mein Verkaufsmentor Fred Joras sagte immer zu mir „Nichts ist so schlecht, dass es nicht für irgendetwas gut ist!"

Erfolg beginnt also im Kopf. In *Ihrem* Kopf. Nicht, dass wir das nicht schon alle wüssten – aber innere Schweinehunde, triviale Gründe oder dumme Ausreden halten uns davon ab, es zu tun – wir haben nicht genug Durchhaltevermögen! Abgesehen vom enormen Nutzen für Ihr Leben im Allgemeinen ist diese Denkweise gerade im Beruf des Verkäufers unerlässlich. Stellen wir uns das nun konkret in einer Verkaufssituation vor, behaupte ich felsenfest, das annähernd jede Kundin und jeder Kunde *fühlt* – also an irgendetwas merkt – wenn die Verkäuferin oder der Verkäufer negativ oder positiv denkt. Wie sollen sie sich denn überhaupt wohlfühlen können, wenn ihnen jemand gegenübertritt, der von negativer Energie nur so strotzt?

Und genau diese Grundeinstellung jedes Menschen beginnt und endet abends während des Zu-Bett-Gehens, während des Einschlafens, denn da sind Ihr Körper, Ihr Geist und Ihr Unterbewusstsein am anfälligsten. Während des Schlafens arbeitet Ihr Unterbewusstsein kontinuierlich weiter. Je nachdem, *was* Sie Ihrem Unterbewusstsein zum Bearbeiten überlassen, je nachdem kann es eher positive, negative oder gemischte Ergebnisse liefern.

Man stelle sich nun diese Beeinflussung bei einem negativ denkenden Verkäufer vor. Auf der Tagesagenda dieses Herrn standen, nehmen wir an, drei Termine. Er war allerdings nicht dazu in der Lage, auch nur einen von den dreien zu bestreiten, denn zwei der drei konnte er nur mit beiden Ehepartnern durchführen, es war aber nur einer da, und beim anderen Termin fand er definitiv nicht genug Kapital vor. Auf dem Nachhauseweg bekommt er einen ungeduldigen Anruf von seiner Frau, die wegen der 700 € hohen Heizkostennachzahlung ganz verzweifelt ist.

Kennen Sie solche Tage auch?

Zuhause angekommen, öffnet er seine E-Mails und muss schwer schlucken, denn der Auftrag über 14.000 € der letzten Woche wurde auch noch storniert. Wir reden hier von einem ganz normalen Ablauf, sozusagen dem ganz normalen Wahnsinn im Verkäuferleben. Zumindest ich kenne sowas nur allzu gut.

Was wir bisher aber nun begriffen haben sollten, ist, dass gerade in solchen Momenten und Lebensphasen Ihre Denkweise entscheidend ist. Natürlich behaupte ich nicht, dass sich durch Ihre positive Einstellung in einer problematischen Situation die Gegenwart, bzw. die Situation als solche, verbessert. Aber die Gegenwart ist genaugenommen eine Aneinanderreihung von Momenten, und der jeweils neue, der den alten in einer Nanosekunde ablöst, *den* können wir beeinflussen – eben das, was kommt! Einfach wäre es jetzt, den Kopf in den Sand zu stecken. Je nach Lebenssituation und -partner wird man zuhause auch noch dementsprechend „ermutigt". Fragen wie „Wie lange willst du diesen Mist noch machen?!", sind keine Seltenheit. Der ermutigendste Spruch an dieser Stelle ist wohl so etwas wie „Such dir endlich eine *normale* Arbeit mit einer Festanstellung!" Danke.

Irgendwie gehören solche Krisen und Fragen auch zum Verkäuferleben dazu, es kann nicht immer alles Rosarot sein und durch Tiefschläge lernt man dazu. Auch durch den Beruf an sich habe ich eine Härte entwickelt, wegen der mich heute so schnell nichts mehr aus der Ruhe bringen kann.

Was nun passiert, liegt auf der Hand. Die negativen Gedanken vor dem Einschlafen, während des Einschlafens und während des Schlafes sind das Maß Ihres Lebenserfolgs: „Wer weiß, vielleicht bin ich ja wirklich nicht der Richtige für dieses Geschäft...", oder „Ich sollte mich vielleicht doch nach einem anderen Job umsehen, das ist alles zu unsicher...". Um 7.00h klingelt dann der Wecker, Sie öffnen die Augen und da sind sie wieder, diese achso geliebten Probleme. Wie kann man mit diesem Gefühl am frühen Morgen positiv in den Tag starten?! Beim Frühstück am Küchentisch geht die Diskussion vom Telefonat weiter. „Wie stellst du dir das jetzt vor, wovon sollen wir die 700 € bezahlen? Ich mach' das nicht mehr lange mit!" Das ist natürlich extrem motivierend und so geht's mit der super Laune ab nach draußen. Die erste Antwort des Tages kommt eher einem lauten Hundebellen gleich, als einer freundlichen Begrüßung – denn Sie haben auch gebellt. Zumindest stehen Ihnen durchgängig die Haare zu Berge und das spürt Ihr Gegenüber natürlich.

In solchen Situationen denkt man sich dann, wie sehr man doch sein tolles Leben liebt! Auch ich habe solche Zeiten hinter mir, von morgens bis abends fällt ein Domino-Stein nach dem anderen... Und, wenn sie erst einmal fallen, sind sie nicht mehr aufzuhalten.

Natürlich ist es nun einfach, dem Leben dafür die Schuld zu geben, der schlechten Wirtschaftslage, dem bösen Staat, der Ausbeuter-Firma, oder gern auch der bösen Bank. Der Ehepartnerin bzw. dem Ehepartner, den Kollegen, oder auch dem Preis des Produktes. Aber Schuldzuweisungen bringen nie wirklich das, was man sich von ihnen erhofft: Erleichterung des Gewissens. Mit dem Finger auf jemand oder etwas anderen/s zu zeigen, lenkt vom wahren Grund nicht nur ab, sondern macht es auch umso schwieriger, ja, unmöglich, ihn zu beseitigen. Dem Erfolg stehen *Sie* selbst im Weg, *Sie* machen aber auch „den Weg frei" (Entschuldigung und danke, liebe Volksbanken und Raiffeisen-Banken).

Dazu ein kleines Gedicht, das mich immer wieder zum Nachdenken angeregt hat:

Wie oft schon hörte ich dich sagen,
du würdest große Dinge wagen.

Wann glaubst du kommt der große Tag.
da endet alle Müh und Plag,
da du zu großen Taten schreitest,
und da du selbst dein Schicksal leitest?

Und wieder ging ein Jahr vorbei,
doch nie warst du, mein Freund dabei,
wenn's galt, nun endlich zuzugreifen,
damit auch deine Früchte reifen.

Woran es liegt? Erklär' es nur!
Du hattest Pech? Ach, keine Spur!

Wie immer einzig und allein, lag's nur
an dir, an dir allein.

Schau nur auf deine Hände bloß
– sie liegen schlaff in deinem Schoß.

Statt endlich, endlich doch zu handeln,
um alles in dir umzuwandeln!

Herbert Kauffmann

Die großen Dinge im Leben kommen einem nicht zugeflogen. Aber auch mit den kleinen Dingen im Leben sind wir nicht so zufrieden, wie wir das gerne hätten. Eigentlich haben wir uns unser Leben doch ganz anders vorgestellt, früher hatten wir mal Träume. Die Jugend haben wir seit ein paar Jahren hinter uns gelassen, naja, seit einigen vielen Jahren um genauer zu sein und da bleibt einfach nichts mehr an Träumen übrig, denn die Realität hat uns eingeholt. Wir haben erkannt: ‚S Läbe isch koi Ponnyhof¡ Was der Schwabe uns damit sagen möchte ist sehr einfach – im Leben kommt nichts einfach so zu uns, wir müssen dafür etwas tun. Je härter wir für etwas arbeiten, und je definierter die Ziele sind, desto wahrscheinlicher wird es, dass die Dinge auch eintreffen. Man hat ihnen mit aller Kraft den Weg zu sich geebnet.

> Nur wer sein Ziel kennt, kann es erreichen.
> *Arthur Lassen*

Deswegen müssen wir an dieser Stelle nochmal über Ihre Ziele reden. Dass Sie sich nun im Klaren darüber sind, wofür Sie dankbar in Ihrem Leben sind, ist der eine Schritt. Das ist sozusagen das Bewusstmachen darüber, was Sie *haben*.

Aber, was *wollen* Sie?

Ähnlich wie die Bewusstbarmachung Ihrer Dankbarkeit müssen Sie nun ehrlich mit sich selbst sein und Ihre 3 wichtigsten Lebensziele notieren. Nehmen Sie sich dafür 10 Sekunden. Jetzt. Lesen Sie erst weiter, wenn Sie es getan haben.

. . .

10 Sekunden erschienen als unmögliche Zeitbegrenzung? Ich glaube, mir ist bisher tatsächlich niemand untergekommen, der seine drei wichtigsten Lebensziele in solch kurzer Zeit notieren konnte. Aber selbst, wenn wir aus den 10 Sekunden eine Minute machen, denken Sie, Sie hätten Sie aufschreiben können? Oder nur der Aufgabe wegen schnell welche zusammengezimmert, die *man eben so hat im Leben*, Gesundheit, Reichtum...

Nehmen Sie diese Aufgabe ernst und versuchen es nochmal, diesmal so reflektiert wie möglich und ohne Zeitbegrenzung. Haben Sie Ziele herausgefunden (und es werden wahrscheinlich nach längerem Nachdenken einige mehr als nur 3 sein) versuchen Sie diese in eine Rangordnung zu bringen – welche sind Ihnen am wichtigsten? Was ist *das* Lebensziel? Eine weitere Stufe wäre dann noch die Frage nach dem „Warum“. Warum sind genau diese Ziele Ihre Ziele. Mit dieser Frage können Sie sich dann im Fortgang beschäftigen.

Für unsere Übung und unsere Weiterentwicklung reicht schon die Reflexion darüber aus, diese Ziele erkannt und geordnet zu haben. Haben Sie das getan, verfassen Sie eine groß-geschriebene Liste und hängen diese an einen Ort, an dem Sie oft vorbeikommen, den Flur, die Küche usw.

Im Alltag müssen Sie sich auch relativ genau ausdrücken, um z.B. am Bahn-Schalter Ihre Fahrkarte zu erhalten. Sie haben ein klares Ziel, Sie fahren von Karlsruhe nach Stuttgart. Und nicht von Karlsruhe nach... egal-wohin. In der Regel kommen Sie dann auch am Zielort an. Sie hatten aber auch eine klare Vorstellung davon, wo Sie ankommen wollen. Im Leben ist das mit den Zielen und dem damit verbundenen Erfolg genau dasselbe. Wie wollen Sie an einem

Ziel ankommen, das Sie nicht genau kennen? Dann *müssen* Sie doch zwangsläufig irgendwo in der Pampa landen!

Je konkreter Sie sich Ihre Ziele notieren, desto konkreter können Sie eintreffen. Scheuen Sie sich nicht davor, Ihren Lebensplan konkret festzulegen, z.B. wünschen Sie sich vielleicht, dass Sie in fünf Jahren endlich in Ihrem eigenen Haus mit Vorgarten leben. Gehen Sie jetzt noch einen Schritt weiter – wie gesagt, je konkreter, desto besser. Suchen Sie, z.B. im Internet, nach einem passenden Bild Ihres Traumhauses, drucken Sie es sich aus und kleben es neben die anderen Ziele, die Sie konkretisiert haben. Ihre Liste wird so zu einer Art Wunsch-Schrein! Ihr Gehirn nimmt diese Bilder dann regelmäßig so intensiv wahr, dass es ab jetzt nur noch besser werden kann!

Ich mache diese Art von Zielplanung schon sehr lange. Es ist wirklich unglaublich, wie sich diese Bilder in Realität umsetzen. Manchmal hat man den Eindruck, es ginge wie von Geisterhand. Oft denke ich schon gar nicht mehr über das Bild und das Ziel nach. Nach einiger Zeit fällt einem plötzlich auf, dass man diese Armbanduhr am Handgelenk vor zwei Jahren auf das Bild geklebt hatte und sie nun schon seit vier Monaten trägt. Auch was meinen Körper angeht, hatte ich ein paar Ziele, unter anderem, 10 Kilo in einem halben Jahr abzunehmen. Mein Wunschgewicht habe ich immer im Voraus auf den ersten des nächsten Monats in meinen Wandkalender eingetragen. Von April bis August hatte ich das Wiegen total vergessen und am ersten August fiel mir zufällig die Gewichtsangabe auf, beim Wiegen danach konnte ich es kaum glauben – denn meine 10 Kilo hatte ich bis auf 200 Gramm abgenommen.

8. Resümee

Was ich Ihnen mit der 6-E-Verkaufsstrategie an die Hand gegeben habe, wird Ihnen von Termin zu Termin und von Tag zu Tag mehr die Welt des Erfolges öffnen.

Sie müssen für die Anwendung der 6-E-Verkaufsstrategie keine besondere Fähigkeit mitbringen, einen exzellenten Abschluss oder womöglich in der Verkaufsbranche gearbeitet haben. Diese Dinge können Ihnen wahrscheinlich dabei helfen, unbedingt notwendig für die Steigerung Ihres Erfolges ab dem heutigen Tag ist allerdings die bewusste Anwendung der Prinzipien der 6-E-Verkaufsstrategie und Ihrer Basis. Gerade die Einstellung wird Sie in die Lage versetzen, Ihr Gegenüber besser, genauer und letztlich menschlicher wahrzunehmen, auf sie oder ihn eingehen zu können und zu einem Abschluss zu kommen, von dem Sie momentan noch träumen.

Glauben Sie an sich und Ihre Ziele!
Tun Sie es täglich mehrmals!

Sie werden in kürzester Zeit merken, wie sich Ihre gesamte Haltung dahingehend verändert, dass Sie Chancen erkennen und Sie im wahrsten Sinne des Wortes „erfassen" und nicht mehr loslassen.

Das wünsche ich Ihnen von Herzen!

VIP-Spezial

Jörg D. Wittke, Network-Marketing-Millionär

Lieber Friedemann Mack,

seit nun schon 17 Jahren kreuzen sich unsere Wege immer wieder und in manchen Unternehmungen haben wir sehr eng zusammengearbeitet. Ihr Umgang mit Kunden und Kundinnen, Ihre geballte Praxiserfahrung und Ihre Verkaufsstrategie habe ich schon immer bewundert. Zwar haben Sie früher noch nicht von „der 6-E-Verkaufsstrategie" gesprochen, aber Sie haben sie schon früh so angewendet und in der Praxis perfektioniert. Was bei harter Arbeit, gutem Willen und Ihrer Verkaufsstrategie herauskommt, sieht man ja nun!

Der Direktvertrieb wird heutzutage immer mehr wieder zum fairen Geschäftskonzept, in dem sich sowohl Käufer als auch Verkäufer wohlfühlen können. Mit Ihrer Strategie treffen Sie den Nerv der Zeit, indem Sie einen menschlichen Umgang mit harten Fakten transparent und erfolgreich verbinden. Ihr Buch ist hier der perfekte Ratgeber für alle, die in der Praxis Rat suchen. Da sich immer mehr Menschen im Network-Marketing sehen und auf eine erfolgreiche Zukunft hoffen, kann ich diese Verkaufsstrategie jedem, der mit Vertrieb im Allgemeinen zu tun hat, nur wärmstens ans Herz legen. Die Ratschläge und das darin komprimierte Praxiswissen führen Sie unaufhaltbar zum Erfolg.

Ich wünsche Ihnen allen viel Spaß beim Anwenden!

Ihr Jörg D. Wittke

Eric Adler, Bestseller-Autor und der Experte für „Sozialkompetenz"
(seine bekanntesten Buchwerke: „Schlüsselfaktor Sozialkompetenz", „Die 12 Naturgesetze zum Erfolg" und „Du schaffst es nie...".)

Lieber Friedemann Mack!

„Der garantierte Verkaufserfolg? Ohje, schon wieder so ein Marketing-Gag um armen stressgeplagten Verkäufern und Vertrieblern das Blaue vom Himmel zu versprechen, damit sie ein Buch kaufen." Das war es, was ich mir dachte, als ich das erste Mal von diesem Buch hörte. Und ich gebe zu: Nach über 20 Jahren als Autor, Speaker, Trainer und Coach im Bereich Persönlichkeitsentwicklung hatte ich schon so viele falsche „Erfolgs-Versprechen" gesehen, dass ich nicht mehr wirklich objektiv war.

Doch dann wurde mir so begeistert von Ihrem Werk erzählt, dass ich doch neugierig wurde. Ich beschäftigte mich also näher mit Ihrer „6-E-Verkaufsstrategie" und ... stehe nun nicht an, Abbitte zu leisten, Herr Mack.

Ihr Buch ist wirklich anders und neu. Ihre Anleitungen sind einfach verständlich, sofort umsetzbar und leicht in den Alltag zu integrieren. Und am besten gefällt mir: Sie treffen den Nagel auf den Kopf, wenn Sie das Zwischenmenschliche in Ihrer Strategie betonen! Persönlich wertschätze ich am meisten an Ihrer Strategie, dass Sie der inneren Einstellung viel Raum geben, denn dies ist wohl der wichtigste Baustein für langfristigen Erfolg.

Mit Ihrer „6-E-Verkaufsstrategie" haben Sie tatsächlich etwas Neues und überaus Hilfreiches für alle Menschen geschaffen, die etwas verkaufen wollen. Sei es ein Produkt, eine Überzeugung, eine Meinung oder ob man einfach nur sich selbst besser „verkaufen" möchte. Alle Menschen möchten täglich anderen etwas „verkaufen". Und daher kann ich – was ich nur sehr selten mache – Ihr Buch auch wirklich uneingeschränkt empfehlen. Ich bin überzeugt, dass es für jede Person, die es aufmerksam liest und die darin enthaltenen Anleitungen in die persönliche Praxis umsetzt, ein wertvoller Gewinn ist.

Herr Friedmann Mack, ich drücke Ihnen alle Daumen zum besten Erfolg mit und durch dieses Buch.

Ihr Eric Adler

Anhang A

Befragung von 20 Probanden am 26.09.2012 in der Bibliothek des Karlsruher Instituts für Technologie (KIT), Zufallsauswahl der Befragten, w = weiblich, m = männlich.

„Was verbinden Sie mit einem Tür-zu-Tür-Verkauf?"

1. „negativ; unbehaglich, aufdringlich" (m)
2. „unter Druck, aufdringlich, Eingriff in die Privatsphäre" (w)
3. „störend, in Ruhe Gedanken machen über Kauf, „überfallartig", „kein Vergleich von Produkten" (m)
4. „Die beabsichtigte Kundenbindung ist nicht mehr zeitgemäß. Die Zufriedenstellung der Kunden ist nicht gewährleistet. Dies liegt am Produkt selbst und am Konsumverhalten. Das Produkt möchte ich mir selbst aussuchen. Diese Verkaufsart ist sehr altersabhängig, z.B. der Jagdinstinkt bei der jungen Generation ist stärker als der zu bedienende Aspekt." (m)
5. „unseriös, würde ich aus Prinzip nie machen, ich vergleiche; die Argumente gegeneinander abwägen; habe mich einmal zu einem Handyvertrag „überreden" lassen und habe es danach bereut" (m)

6. „es ist abhängig vom Produkt (z.B. Eismann kommt regelmäßig)" (w)
7. „die Produkte, die derjenige verkauft, sind sicher teurer, als im Laden" (m)
8. „es ist abhängig von meiner momentanen Situation, ob ich Zeit habe oder nicht" (m)
9. „„Zeugen Jehovas"; GEZ, skeptisch gegenüber eingestellt!" (m)
10. „wenn ich was brauche, suche ich es selber, Vergleich fehlt" (m)
11. „Tür zu" (m)
12. „Die wollen einem was andrehen; unprofessionell, keine Produkte von hoher Qualität, weil sie es nicht nötig haben müssten, dass sie an die Türen kommen." (m)
13. „Stress, ich möchte denjenigen so schnell wie möglich loshaben; man bekommt Sachen angedreht, die man nicht braucht." (m)
14. „Versicherungsmakler; es ist vom Auftreten abhängig und ob sie auf den Menschen eingehen" (w)
15. „purer Hass, tot stellen, Eindringling in die eigene Höhle" (m)
16. „Staubsaugervertreter" (m)
17. „Oh nein, das ist dann die nervige GEZ." (m)
18. „Ich würde erstmal zuhören, wenn es nur ein paar Minuten dauert, und schaue ob ich das Produkt brauche und wie der Verkäufer rüberkommt. Ich würde aber nicht sofort kaufen, sondern im Internet vergleichen." (m)
19. „Ich fühle mich bedrängt." (w)
20. „Die haben immer so ein gefaketes Lächeln drauf. Meinen die, das glaubt ihnen jemand, dass sie gute Laune haben!?" (m)

Anhang B

Interviews durchgeführt mit halboffenem Leitfaden am 26.12.2012 durch H. Dogendorf; Vertriebler/innen unter F. Mack

1. *Was bedeutet „verkaufen" für Sie? – bezogen auf Ihre Arbeit bei Heim und Haus*
2. *Hat sich Ihr Verständnis von „verkaufen" bzw. Ihre Einstellung gegenüber Ihrem Arbeitsfeld während der Zeit bei Heim und Haus verändert? Wenn ja, wie?*

Michael U. (59)

Unabhängigkeit; Berufsleben frei gestalten, keine Hindernisse in beruflicher Hinsicht und auch Selbstbestätigung, wenn man seine Ziele erreicht hat, oder einen schwierigen Kunden doch aufschreiben konnte, und das Gefühl das ich damit verbinde. Man möchte da seine Fähigkeiten ausleben können.

Das mache ich ja schon seit 35 Jahren, es gibt im Direktvertrieb ja immer dieselben Gesetze. Heute bin ich aber gegenüber früher dankbarer, wenn ich vergleiche, was die Menschen arbeiten müssen, die nicht im Verkauf arbeiten können. D.h. man braucht viel Durchhaltevermögen, Optimismus, Durchsetzungsvermögen, wissen was man will, man darf bei vielen Neins nicht verzweifeln. Die Strategie

von Herrn Mack gibt mir viele Impulse, die mich weiterge-
bracht haben.

Wenn ich denke, ich kann es nicht, kann ich es nicht.
Wenn ich denke ich kann es, kann ich es.

Herr Mack hat mich darauf aufmerksam gemacht, dass
die positive Einstellung extrem wichtig ist. Was man denkt,
wird sein. Generell: Der erste Eindruck ist die Basis. Die
vorgefasste Meinung kann man in den seltensten Fällen
kippen.

Bruno L. (41)

Kundenbindung, Verständnis für den Kunden, auf ihn eingehen und ihm das anbieten, was er wirklich braucht. Ich
möchte ein Grinsen in seinem Gesicht sehen und wenn
ich ihn zehn Jahre später sehe, möchte ich, dass er sich
an mich erinnert und immer noch zufrieden mit dem Produkt ist. Spaß haben, ein gutes Gespräch bei einem Glas
Wein haben und nach dem Verkauf gleich noch eins. Leidenschaft.

Mein Verständnis vom Verkaufen hat sich nicht wirklich
verändert, weil ich vieles früher schon intuitiv gemacht habe. Die Seminare von Herrn Mack haben mir aber ein besseres Verständnis dafür gebracht, was ich früher intuitiv
gemacht habe, ich konnte hinter meinen doppelten Spie-
gel schauen.

Dieter K. (56)

Persönliche Entfaltung, Kontakt mit Personen, ich sehe was von der Welt bzw. von der Umgebung. Nicht-
Gebundensein, ich kann meinen eigenen Tagesrhythmus
bestimmen und für mich war der Verkauf bei Heim und
Haus eine neue Chance. Ich habe früher eine Zoohand-
lung gehabt (20 Jahre lang) und diese aufgehört mit 53
und komme eigentlich aus der Industrie und hätte aber in
der Industrie keine Chance mehr gehabt. Dann kam aber
HEIM und HAUS mit Verkauf. Dann habe ich mich dafür

entschieden und gemerkt, das ist meine Zukunft. Es hat mir Spaß gemacht, hatte die finanzielle Belastung mit der Selbstständigkeit nicht mehr gehabt. Die Bewerbungsunterlagen hatte ich zwar dabei, aber hier zählte nur, ob man sich bei den Kunden bewährt oder nicht. Meine Tochter konnte dann auch noch in der Firma Fuß fassen. Hier habe ich die Chance, weiterzukommen, habe den Ausbilder hier gemacht, habe Azubis unter mir. Mein Leben konnte ich mit HEIM und HAUS ändern.

Meine Strategie hat sich verändert. Der große Erfolg ist davor immer ausgeblieben, bis ich bei der Schulung war und angefangen habe, bewusst zu verkaufen. Das Verständnis dafür, mit dem Kunden umzugehen, der morgens noch gar nicht weiß, dass er abends Fenster für 10.000 € bestellt hat, hat sich erst entwickelt. Dienstags habe ich eine Schulung gemacht und samstags einen Termin mit einem Kunden gehabt und das bewusst angewendet. Auftrag für 10.000 €. Die Mutter vom Kunden bekam dann aber auch noch gleich Fenster, nochmal 10.000 €. Das war die Initialzündung.

Ich habe mich auf den Ablauf konzentriert und vor dem Termin darauf vorbereitet. Davor hatte ich sowas in der Preisklasse noch *nie* verkauft. Davor habe ich immer alles über die Technik/Produktinfo gemacht, seither fördere ich den Kontakt zum Kunden und den Vertrauensaufbau.

Arno B. (69)

Kundenkontakt, an Kunden Freude bringen, auch für Produkte, die er vielleicht noch gar nicht kennt, neue Bekanntschaften knüpfen. Ein Kunde hat mir das auch schonmal gesagt: „Ich komme als Fremder und gehe als Freund!=" Dementsprechend ist der persönliche Umgang miteinander extrem wichtig; der Verkäufer muss pünktlich sein, lieber 5 Minuten früher als später und dem Kunden zuhören, der Kunde soll reden, damit man ihn durch gewisse Argumentation in die Ja-Kette bringt.

Erstens durch die Produkte, denn sie ziehen, weil sie gut sind. Davor war ich wahrscheinlich zu steif und habe mich jetzt eher an die Menschen angepasst und traue mich jetzt eher auch die teuren Produkte anzugehen. Ich hatte Preisangst. Jetzt gehe ich auch auf die großen Preise, was meinen Geldbeutel hat wachsen lassen. Ich würde das mit 80-100 Grad Drehung beschreiben hin zum Positiven.

Er ist menschlicher, Herr Mack macht es mit mehr Gefühl, er stellt sich mehr auf den Menschen ein und diese Haltung nehme ich mit in den Verkauf. Ich gehe viel positiver hinaus und dadurch hat sich mein Umsatz um Einiges erhöht. Letztes und dieses Jahr war ich im Top Club. Der Verkauf ist für mich ein Lebenselixier.

Im Verkauf habe ich schon immer mit der Aida-Methode gehandelt. Aufmerksamkeit, durch vernünftiges Auftreten, wodurch ich das Interesse des Kunden wecke, wodurch der Drang entsteht, zu kaufen. Die wende ich auch noch an. Ich spreche aber nicht sofort übers Produkt, sondern gebe dem Kunden Aufmerksamkeit.

Heinrich P. (57)

Mich selbst darstellen, Vertrauensbasis aufbauen, offen dem Kunden in die Augen schauen, die Firma präsentieren und vor allem, ganz wichtig, man sollte hinter dem Produkt stehen. Wenn ich es bräuchte, würde ich es selbst einbauen.

Die Einstellung zum Verkauf habe ich geändert durch Friedemanns Hinweise auf Ament und ich lehne jetzt meinen Verkauf an diese Empfehlungen an. Es hat sich insgesamt seit Juli sehr gebessert, weil ich da ein Tief hatte und mir seitdem dadurch viele Gedanken gemacht habe. Für meine Persönlichkeit insgesamt haben mir die Hinweise sehr viel gebracht und seither geht es nur bergauf. Seit der Schulung und einem Gespräch unter Kollegen mit Friedemann geht es bergauf.

Ulrike W. (43)

Seit ich mit der 6-E-Verkaufsstrategie arbeite, hat sich nicht nur mein Verkauf radikal zum Positiven verändert. Ich habe so auch den Anstoß bekommen, mich genauer mit dem menschlichen Umgang untereinander zu beschäftigen und kann jetzt viel besser auf verschiedene Situationen reagieren. Der Verkauf ist meine Berufung, das war es auch schon davor, aber ich wusste nie so Recht, was mir noch gefehlt hatte.

Patrick S. (26)

Das richtige Produkt verkaufen, das der Kunde möchte. Es ist eine Einstellungssache, es kann nicht jeder machen. Eigentlich kann es doch jeder machen, es muss halt „Klick" machen im Kopf. Es fühlt sich wie eine Berufung an, mich hat es so in den Verkauf hineingezogen, jeden Tag passiert etwas anderes. Die Abwechslung, der Kundenkontakt, die frische Luft, Dummbabbeln, eine Art Lebensgefühl. Bei manchen ist es ja so, dass bei denen ein Film losgeht, weil sie bei der Arbeit anders sind, als daheim. Beim Verkaufen muss ich mich nicht verstellen, kann so sein, wie ich auch daheim oder anderswo bin.

Ja, es hat sich verändert. Weil ich jetzt der Meinung bin, wenn ich positiv bin, flattern die Aufträge rein. Meine Einstellung beeinflusst den Umsatz, eigentlich beeinflusst sie alles. Wenn mal ein Tag nicht funktioniert, bin ich aber trotzdem nicht schlecht gelaunt, sondern ich habe das Durchhaltevermögen, weil es morgen wieder ausgeglichen wird. Ich habe meine Wünsche klar definiert und arbeite darauf hin.

Durch meine Leistung bin ich jetzt hier auf der OFFERTA. Habe mein Geschäftsauto. Das war mein Ziel. Ich bin erst zwei Monate dabei!

Ich danke Friedemann, dass er genauso gedacht hat wie ich, denn bisher hat niemand so gedacht und so direkt gesprochen, weswegen ich das dann auch umgesetzt habe!!!

Renate F. (42)

Endlich kann ich meine Kompetenzen in entspannten Gesprächen einbringen. Ich habe kein schlechtes Gewissen mehr, die Kunden zu überreden, sondern kann ganz offen mit ihnen auch mal übers Wetter sprechen und sie nach ihrer Gesundheit fragen. Es ist super, zu wissen, dass meine Kunden mir noch Jahre später die Tür gern wieder öffnen.

Quellenangaben

Literatur

Altmann, H. Ch.: Kunden kaufen nur von Siegern. Wie Sie als Verkäufer unwiderstehliche Ausstrahlungskraft erreichen, Kunden begeistern und Ihren Umsatz explodieren lassen. Verlag Moderne Industrie, Landsberg – Lech, 4. Auflage, 2000.

Ament, H.: Das universelle Erfolgsgeheimnis. Ein Selfmade-Millionär verrät Ihnen ein Geheimnis, welches Sie in allen Lebensbereichen erfolgreicher machen wird! PegaStar, 3. Auflage, 2010.

Byrne, Rh.: Das Geheimnis. Arkana, 2007.

Birkenbihl, V. F.: Signale des Körpers. Körpersprache verstehen. Mvg Verlag, München 23. Auflage, 2012.

Birkenbihl, V. F.: Kommunikationstraining. Zwischenmenschliche Beziehungen erfolgreich gestalten. Mvg Verlag, München 33. Auflage, 2013.

Coué, É.: Autosuggestion. Die Kraft der Selbstbeeinflussung durch positives Denken. Orbis Verlag, Niederhausen 1997.

Dahm, W.: Beraten und Verkauft. Die Methoden der Strukturvertriebe. Gabler, Darmstadt 1995.

Gilles, P.: Das Recht des Direktmarketing. Kundenwerbung und Verträge außerhalb von Geschäftsräumen. Verlagsgesellschaft Recht und Wirtschaft mbH Heidelberg, 1. Auflage, 1982.

Häusel, H.-G.: Brain View. Warum Kunden kaufen. Haufe 2012.

Hill, N.: Denke nach und werde reich. Die Erfolgsgesetze. pickup, Berchtesgaden, 2011.

Lassen, A.: Heute ist mein bester Tag. LET-Verlag, 1995.

Murphy, J.: Die Macht Ihres Unterbewusstseins. Affirmationen für Glück und Erfolg. pickup, München 9. Auflage, 2011.

Robbins, A.: Das Power Prinzip. Rentrup, 9. Auflage, 1996.

Schulz von Thun, F.: Miteinander reden: 1. Störungen und Klärungen. Allgemeine Psychologie der Kommunikation. Rororo, Reinbek bei Hamburg 50. Auflage, 2013.

Scherer, H.: Glückskinder. Warum manche lebenslang Chancen suchen – und andere sie täglich nutzen. Campus, Frankfurt – New York, 2011.

Schommers, R. Ch.: Organisationales Commitment im Direktvertrieb unter Berücksichtigung der emotionalen Bindung an den Beruf des Direktverkäufers. Hagener Arbeiten zur Organisationspsychologie, Band 15. LIT, Berlin 2010.

Seßler, H.: Der Beziehungs-Manager. So erreichen Sie im Verkauf, was immer Sie wollen. Korter Verlag, Mannheim 1997.

Tracy, B.: Verkaufsstrategien für Gewinner. Was erfolgreiche Verkäufer besser machen. Gabler, Wiesbaden 1996.

Wassner, F.: An der Haustür nur mit Widerruf. Anmerkungen zu einem Handelsweg, in: Frankfurter Allgemeine Zeitung Nr. 205, 05.09.1981.

ZEIT ONLINE, Wirtschaft. Der Verkauf an der Haustür. 18.12.1964, 1-6.

Internetquellen

Zur geschlechtergerechten Sprache:

http://www.berlin.de/imperia/md/content/sen-frauen/sprache.pdf?start&ts=1188881015&file=sprache.pdf
http://www.fh-dortmund.de/de/hs/orgGrem/beauftr/gb/medien/GeschlechterfaireSprache.pdf
(Zugriff 5.1.2013)

Zu den Begrifflichkeiten:

http://www.duden.de/rechtschreibung/Erfolg
(Zugriff: 10.10.2012)
http://www.duden.de/suchen/dudenonline/Ethik

http://www.duden.de/suchen/dudenonline/ethisch
(Zugriff: 10.10.2012)
http://www.duden.de/suchen/dudenonline/Strategie
(Zugriff: 10.10.2012)
http://www.duden.de/rechtschreibung/verkaufen
(Zugriff: 10.10.2012)

Zur Motivation:

http://www.youtube.com/watch?v=wvsboPUjrGc
(Zugriff: 15.04.2013)
http://www.youtube.com/watch?v=
    0O1Kd47Y1EQ&feature=fvwrel
(Zugriff: 01.05.2013)

Zur Psychologie und Kommunikation:

http://de.wikipedia.org/wiki/Suggestion
(Zugriff: 24.01.2013)
http://www.youtube.com/watch?v=XY60DBP4UQk
(Zugriff: 15.02.2013)
http://www.3sat.de/page/?source=/nano/bstuecke/93368/
    index.html
(Zugriff: 18.04.2013)

Endnoten

[1]Nicht nur in unserer Sparte ist ein Boom von Tipps und Tricks zu verzeichnen. Auch für viele andere Lebensbereiche stehen diverse Ratgeber zur Erfolgssteigerung in den Regalen der Bücherläden. Manche kann man eher in die Tipp-, andere eher in die Trickkiste stecken. Gerade sehr populär sind biographisch angelegte „Erfolgsgeschichten" á la „how to increase your life" (z.B. Kahn, Oliver: Ich. Erfolg kommt von innen. Riva 2008).

[2]Um einen guten Lesefluss zu ermöglichen, haben wir uns dazu entschieden, entweder auf die weibliche Grammatik-Form zu verzichten oder eine akzeptable doppelgeschlechtliche Formulierung zu finden. Dies fand im Sinne der „geschlechtergerechten Sprache" (z.B. Universität Köln) statt. Ich bitte Sie, dies in keinster Weise diskriminierend zu verstehen.

[3]Gerne schiebt man ein Scheitern einer Situation auf einen Defekt des Produktes, die Umstände oder gar die anderen Beteiligten. In unserem Fall ist es ratsam, genauer hinzuschauen und aus der eingefahrenen psychologischen Spur herauszukommen, aus der wir wiederholt falsche Schlüsse ziehen. Wir wollen davon ausgehen, dass unsere zu testende Strategie einwandfrei funktioniert, also das Innere fehlerfrei ist. Man sollte nun meinen, dass dies der Weg zum Erfolg sein muss. Leider gibt es unzählige äußere Faktoren, die zu einem Scheitern führen können und nichts mit der Strategie selbst zu tun haben. Unter diesen Faktoren sind diejenigen, die wir kennen (sollten) und beeinflussen können, z.B. unsere eigene Stimmung, die sich auf unsere Objektivität negativ auswirken kann. Es können aber auch Faktoren Einfluss auf die Situation haben, die uns zunächst unbekannt sind und wir daher gar nicht oder nur unzureichend beeinflussen können, wie z.B. private Gründe des Kunden (Tagesform, Schulden etc.), die Verkehrslage, das Wetter. Ist aber doch ein inhaltlicher, interner Fehler in der Strategie enthalten, müssen wir uns über ein Scheitern oder entsprechend schmalere Ausbeute nicht wundern. Es kommt nicht zum Kaufvertrag bzw. der Termin läuft nicht wie erhofft.

[4]Stimmen aus den 90-er Jahren (und in der gesamten zweiten Hälfte des 20. Jahrhunderts) über Strukturvertriebe im Allgemeinen geben Tipps und Ratschläge, sich vor „uns" zu schützen. Diese Anti-Haltung müssen „wir" verändern, indem „wir" an „uns" etwas verändern. Schon- und Abwehrhaltung in Dahm, W.: Beraten und Verkauft. S. 215f.

[5]Fred Joras startete als 21-Jähriger seine Laufbahn im

Direktvertrieb. In den 1960ern vertrieb er Waschmaschinen von Tür zu Tür, wechselte nach ca. einem Jahrzehnt zu der sogenannten Vorbaurollladen-Revolution und entschloss sich schließlich in den Achtzigern zum Vertrieb von Vorhängefassaden. So gründete er 1989 seinen eigenen Fassadenbetrieb, welchen er bis 2004 leitete. Von ihm, einem Direktverkäufer der ersten Stunde, konnte ich von ihm meine gesamte Praxis verbessern und erweitern, vor allem aber nahm ich mir die bei ihm zum ersten Mal miterlebte „Schweigeminute" zu Herzen (siehe ausführlich als Vorgehensweise im Kap. 5, „Die Ernte"). Während er diese Aktion im Kundengespräch ausführte, konnte man eine Stecknadel fallen hören. „Du musst es schaffen, eigene Verkäufer aufzubauen, die so gut oder besser sind, wie du!" – das habe ich mir zu Herzen genommen! Und dass er einiges in seiner Verkäuferkarriere richtig gemacht hat, kann man daran erkennen, dass er mit stolzen 72 Jahren wohlhabend in Spanien lebt.

[6]In: Gilles, P.: Das Recht des Direktmarketing. S. 18.

[7]In: Gilles, P.: Das Recht des Direktmarketing. S. 19. Wenn man sich die momentane Anzahl der Direktvertriebler in Deutschland vor Augen hält – ca. 200.000 –, einer momentanen Gesamtbevölkerung von 80,2 Mio. Einwohnern, https://www.destatis.de/DE/PresseService/Presse/Pressemitteilungen/2013/05/PD13_188_121.html (Stand 31.05.2013) und die Direktvertriebler von 1939 mit der damaligen Bevölkerung von ca. 45 Mio. kann man über die Jahrzehnte hinweg grob eine Halbierung der Vertriebler insgesamt feststellen. Inwiefern dies Reaktionen des Marktes auf die Vergrößerung des 4. Wirtschaftssektors und anderen Faktoren sind, müssen wir hier beiseitelassen.

[8]Bei den allermeisten Kaufverträgen galt alleinig die Unterschrift des Ehemannes, denn (auch nur *verheiratete*) Frauen hatten erst seit 1969 die Geschäftsfähigkeit zugesprochen bekommen.

[9]In: Wassner, F.: An der Haustür nur mit Widerruf. Anmerkungen zu einem Handelsweg, in: Frankfurter Allgemeine Zeitung Nr. 205, 05.09.1981.

[10]Man denke z.B. an die personalisierten Schuhe von NIKE, die man sich online nach Belieben zusammen-„schustern" kann.

[11]http://www.direktvertrieb.de/Verhaltensstandards.66.0.html Zugriff: 28.04.2013, Markierung die Autoren

[12] Um nur einen kleinen, ausschnitthaften Einblick in die Meinungen des jüngeren Klientels zum Direktverkauf zu geben,

wurde eine stichprobenartige Umfrage unter Studenten, wissenschaftlichen Mitarbeitern und Angestellten des Karlsruher Instituts für Technologie (KIT, ehemal. Universität Karlsruhe) durchgeführt. Die einzelnen, teils stenographierten Antworten finden Sie im Anhang A. Die durchweg negative Resonanz ist erschreckend – in den nächsten Jahren müssen wir Direktvertriebler einiges wieder gutmachen!

[13] http://www.duden.de/rechtschreibung/verkaufen#Bedeutung1a Zugriff am 10.10.2012 Auch die darauf folgenden Zitate sind der online-Version des Dudens zum Begriff „verkaufen" entnommen.

[14] Siehe http://www.duden.de/rechtschreibung/Erfolg Zugriff am 10.10.2012

[15] Siehe http://www.duden.de/suchen/dudenonline/Strategie Zugriff am 10.10.2012

[16] Siehe http://www.duden.de/rechtschreibung/Ethik Zugriff am 10.10.2012

[17] Interviews mit halboffenem Leitfaden vom 26.10.2012 durch H. Dogendorf. Vollständige Aufzeichnung der Interviews, siehe Anhang B. Mit der qualitativen Erhebung erhebe ich keine Ansprüche auf Allgemeingültigkeit. Ich möchte aber eine *Tendenz* aufzeigen.

[18] Was hat es mit dem sportlichen Element beim Verkauf auf sich? Betrachten Sie Ihr Leben wie einen großen Garten voller Chancen. Sie liegen überall herum. Wir tragen aber Anti-Chancen-Sonnenbrillen und wandern durch den Garten, ohne die unzähligen Möglichkeiten, die er uns bietet, auch nur wahrzunehmen, geschweige denn, sie beim Schopfe zu packen! Eine Chance „will (...) gejagt sein", meint H. Scherer in seinem Werk „Glückskinder" (S. 21), das zum Lebenskünstlertum anregt.

[19] „Nur erkämpfte Erfolge schaffen ein Siegergefühl!", so H.-Chr. Altmann in „Kunden kaufen nur von Siegern", S. 133.

[20] N. Hill fasst in seinem Büchlein „Denke nach und werde reich" prägnant und eingängig zusammen, welche, vor allem psychischen, Faktoren Sie in sich stärken müssen, um erfolgreich zu sein. Durch zwei Jahrzehnte lange Erhebungen über Erfolgsmerkmale lautet eines seiner Statements: „Träume werden Wirklichkeit, sobald unser Verlangen in Handeln übergeht. Verlangen Sie vom Leben viel – und das Leben wird Ihnen entsprechend viel geben." In: Hill, N.: Denke nach und werde reich. S. 11.

[21] Vera F. Birkenbihl macht deutlich, wie wir unsere Einstellung

analysieren, beeinflussen und mit ihr uns selbst neu und positiv polen können. Kommunikationstraining, S. 233ff.

[22]http://www.youtube.com/watch?v=wvsboPUjrGc Zugriff: 15.04.2013

[23]Eine der fundiertesten, aber trotzdem äußerst verständliche wissenschaftliche Abhandlung über Kommunikation, deren Grundlagen, Pannen und Veränderungs- und Verbesserungsmöglichkeiten zeigt Schulz von Thun in seinen beiden Bänden: „Wenn die Nachricht anders ankommt, als sie gemeint war, kann das sehr verschiedene Ursachen haben. Wenn Sender und Empfänger aus verschiedenen Sprachmilieus stammen, liegen Verständigungsfehler besonders nahe." In: Schulz von Thun, F.: Miteinander reden: 1, S. 70f. Hier wird auch deutlich, wie wichtig nicht nur deutliche Botschaften (also der Inhalt und die Form) sind, sondern und gerade auch das Selbstbild des Senders, das Selbstbild des Empfängers und die jeweiligen Fremdbilder (dazu S. 70ff., S. 118ff.).

[24]Für den Ausnahme-Fall, dass Sie den Kunden z.b. schon kennen, darf die Einführungsstufe auch kürzer ausfallen. Im Schema bleibt aber auch hier das Verhalten dasselbe!

[25]Seßler, Helmut: Der Beziehungs-Manager. So erreichen Sie im Verkauf, was immer Sie wollen. S. 139 –160

[26]http://www.3sat.de/page/?source=/nano/bstuecke/93368/ index.html Zugriff: 18.04.2013

[27]Tracy, B.: Verkaufsstrategien für Gewinner. S. 63.

[28]Vertiefen können Sie dieses Thema durch Brian Tracys „Verkaufsstrategien für Gewinner", u.A. S. 186ff.

[29]„Pygmalion-Effekt" = aus griechischer Sage stammender Begriff, der einen psychischen Ablauf versinnbildlichen soll. Dazu schreibt Birkenbihl: Das Gesagte oder, was das Gegenüber uns mit seiner Mimik und Gestik mitteilt, wird von uns in den meisten Fällen nur zu einem Bruchteil, teilweise falsch oder auch völlig falsch verstanden, da „wir die Person, gleich Pygmalion, nach unserem Bilde von ihr *verändern!* Unser *Eindruck*, der andere sei »arrogant«, löst nun feindselige Signale unsererseits aus, die im anderen gerade jene Unsicherheit verstärken, welche ursprünglich seine »arroganten«Signale ausgelöst hatten. Dadurch verstärkt sich aber unser »negativer«Eindruck, was wiederum unsere negativen Signale der Beziehungsebene verstärkt, usw., usw. Somit *schöpfen* wir den anderen, (. . .), zu einer arroganten Person *um*, wobei wir am Ende des Prozesses auch noch das Gefühl haben, es »gleich gewußt zu haben, was für ein arroganter Kerl das doch ist?«In: Birkenbihl, V.: Signa-

le des Körpers. S. 25f. Einen guten Einstieg zu diesem Thema bietet in o.g. Literatur Birkenbihls Anhang B (S. 226ff.), in dem der Pygmalion-Effekt genauer erläutert wird.

[30]Hans-Georg Häusel: Brain View. Warum Kunden kaufen. Haufe 2012.

[31]Joseph Murphy: „Die tiefere Einsicht Ihres Unterbewusstseins wird sich durchsetzen." Solche und ähnliche Affirmationen gibt Dr. J. Murphy in vielen seiner Werke, vor allem in „Die Macht Ihres Unterbewusstseins" (S. 27), zum Besten.

[32]Brian Tracy *1944, US-amerikanischer Autor und Erfolgscoach. Z.B. Das Gewinner-Prinzip (1995), Verkaufsstrategien für Gewinner (1996), Erfolg ist eine Reise (2000), Das Maximum-Prinzip (2003).

[33]Émile Coué *1857 +1926, französischer Gelehrter und Begründer der bewussten Selbstbeeinflussung, der Autosuggestion. „Was Autosuggestion bewirken kann" (S. 53 ff.) zeigt Emile Coué an Fallbeispielen aus eigener Betreuung.

[34]Vera Felicitas Birkenbihl *1946 +2011, deutsche Managementtrainerin und Sachbuchautorin, die die Wissenschaft greifbarer machte und unzählige Themenkomplexe – auch Tabuthemen – nicht nur ansprach, sondern vor allem durch ihre Seminare und Vorträge den Menschen nahebrachte. Ein guter Einstieg zu ihrer Literatur ist folgender Vortrag auf youtube, Zugriff am 15.02.2013 http://www.youtube.com/watch?v=XY60DBP4UQk Bitte lassen Sie sich nicht vom Titel der Veranstaltung abschrecken, das wäre mir auch fast passiert!

[35]Anthony Robbins *1960, amerikanischer Bestsellerautor und NLP-Trainer (= neurolinguistische Programmierung).

[36]„Suggestion" ist die „manipulative Beeinflussung einer Vorstellung oder Empfindung mit der Folge, dass die Manipulation nicht wahrgenommen wird oder zumindest zeitweise für das Bewusstsein nicht abrufbar ist". In unserem Fall wurde uns suggeriert (und wir machten diese Suggestion in uns zur Autosuggestion), dass wir zu Großem in der Lage waren – das sollten wir kurz danach schon bestätigt bekommen. http://de.wikipedia.org/wiki/Suggestion Zugriff am 24.01.2013

[37]Anthony Robbins: Das Power Prinzip. Rentrup, 9. Auflage 1996.

[38]Artur Lassen *1939 +2000, deutscher Motivationstrainer und Autor.

[39]Rhonda Byrne *1951, australische Drehbuchautorin und Produzentin. Nach ihrem Bestseller „The Secret" (2007) folgten „The Power" (2010) und „The Magic" (2012).

[40]Der „Zufall" – ein Begriff, den wir alle mit etwas verbinden, was unerwartet passiert (und meistens positiv gemeint ist; sonst meinten wir „Pech"). In diesem landläufigen Verständnis macht das Wort für mich aber keinen Sinn, denn in „Zufall" steckt das Wörtchen „zufallen", „etwas fällt jemandem zu", jemand erhält also etwas, und das muss nicht unbedingt unerwartet sein, wenn doch es erfreulich sein kann. Nichts passiert ohne Grund bzw. einen Anfang und ein Ende, ein Ziel; der „Zufall" erscheint uns nur so unwahrscheinlich, weil wir nicht glauben können, dass so etwas geplant worden sein könnte, denn es scheint ja „zufällig" so geschehen zu sein; Markus 11.24: „Alles, was ihr bittet in eurem Gebet, glaubt nur, dass ihrs empfangt, so wird es zuteil werden." Es „fällt" uns dann also „zu", weil es so sein sollte, weil wir es uns „bestellt" haben oder es einen anderen „Besteller" dafür gibt. Im weiteren Verlauf des Buches wird das Konzept des „Bestellens" erläutert und in Zusammenhang mit dem „Zu-fall" gebracht.

[41]Helmut Ament *1956, österreichischer Erfolgscoach und Bestsellerautor. Über www.Verkaufstitan.de können Sie „Das universelle Erfolgsgeheimnis" kostenlos als e-book herunterladen.

[42]Max Planck *1858 +1947, deutscher Physiker, der im Bereich der Quantenphysik den Nobelpreis für sein plancksches Wirkungsquantum (1918) erhielt.

[43] Albert Einstein *1879 +1955, deutscher Physiker mit Kernbereich seiner eigenen Disziplin, der Relativitätstheorie; Nobelpreis im Bereich der Quantentheorie (1921).

[44]David Bohm *1917 +1992, US-amerikanischer Quanten-Physiker und Philosoph, der seine eigene Theorie zum Denken, Gedanken und deren Einfluss auf uns entwickelt hat.

[45]Hier stelle ich Ihnen in etwas ausführlicherer, aber immer noch in weitaus zu kurz gegriffener Weise den Zusammenhang zwischen Materie, Energie und Gedanken dar. Ich habe besten Wissens und Gewissens zusammengetragen und zusammengefasst, wie es sich damit – laut Stand der Forschung – verhält: Woraus ist die Welt gemacht? Materie, könnten Sie jetzt antworten. Das hätte ich wohl auch gesagt. Das ist zwar richtig, wir sollten uns das aber noch genauer ansehen. Woraus besteht Materie? Oder anders gefragt, wie ist Materie aufgebaut? Sie besteht aus Atomen mit verschiedenen kleineren „Bestandteilen", die „innerhalb" des Atoms „sind". Wir müssen schon jetzt anfangen, mit den Begriffen vorsichtig zu sein. Daher sehen wir uns das kurz auf einem Schaubild an:

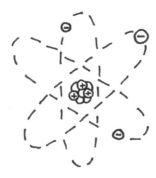

Aufbau eines Atoms, Abb. 17

Wenn man sich diese Grafik ansieht, könnte man behaupten, dass, wenn alle Materie so aufgebaut ist, die Materie letztlich zu annähernd 100% aus gar nichts besteht. Fast kein „Inhalt". Nur ein unvorstellbar kleiner Anteil der Materie ist „da", „existent", und dieser „Teil" ist noch nicht einmal immer zu orten, wir wissen in Experimenten nicht immer, wo und wie lange sich welche Teile „aufhalten". Ist Materie also gar nicht „fest"? Selbst die Teilchen, die man orten konnte, sind in ihrer Beschaffenheit schwierig definierbar, mal Teilchen, mal Wellen (Einstein). Wenn da aber im Atom erstens fast nichts „ausgefüllt" ist und zweitens, das was da ist nicht mal „richtig" da ist, manche Teilchen sogar eine so kurze Lebensdauer haben, dass sie keine wichtige Rolle im Zusammenhalt bzw. der Beschaffenheit der Materie spielen können (so unsere Vorstellung von Materie – etwas muss zu einem konkreten Ort zu einer bestimmten Zeit bestehen), dann haben wir ein Problem. Vor diesem Problem stand nicht nur Einstein: Einsteins e = mc² besagt zunächst nichts anderes, als dass „Stoff" (also Materie) „verdichtete Energie" ist, und das wichtige daran: „beides lässt sich ineinander umwandeln." (Ament, 39) Vor allem aber enthält diese Gleichung auch das Geheimnis, *wieviel* Energie in wieviel Materie steckt, und das ist unglaublich viel! Das bedeutet, dass in fast nichts (das, was von Materie bei genauerem Hinschauen „übrig bleibt") sehr viel (Energie) steckt. Das ist ein Punkt, den wir im Gedächtnis behalten und später darauf zurückgreifen. Um nun zu zeigen, wie Gedanken mit Materie bzw. Energie zusammenhängen, müssen wir, wie eben, nochmal auf die theoretische Ebene der Physik.

Im so genannten EPR-Paradoxon (benannt nach A. Einstein, B. Podolsky und N. Rosen) befinden sich zwei Elektronen (A und B) im Raum. Ihr genauer Aufenthaltsort ist nicht relevant, sie könnten auch 1000 Kilometer entfernt sein. Führt man nun eine Messung an Teilchen A durch, erhält man seinen genauen Ort und seinen „Spin", die Rotation in eine bestimmte Richtung. In exakt demselben Moment – und das ist das Paradoxe, und nach quantenmechanischen Regeln nicht möglich – beginnt sich das Teilchen B irgendwo im Raum in die entgegengesetzte Richtung zu drehen. Es scheint, als ob es wusste, welche Rotation zu welchem Moment Teilchen A haben wird, und „tut" das Gegenteil. Es scheint, eine Art „Kommunikation" zwischen beiden bestehen zu *müssen*, denn wie sollte sonst genau dies immer wieder eintreten?! Da es laut Einstein keine schnellere Vorbewegung von Stoff/Materie/Energie gibt, als die Lichtgeschwindigkeit, das Teilchen B aber „sofort" „wusste", in welche Richtung es sich drehen musste, ohne das wir eine Kommunikation sehen/messen konnten, muss es einen direkten, momentan noch nicht messbaren Zusammenhang zwischen beiden geben. Puh. Was bedeutet das jetzt? Blicken wir noch einmal kurz zu unserer ersten Erkenntnis zurück: In wenig „Materie" steckt unfassbar viel „Energie" und beides kann ineinander umgewandelt werden. Nun kommt noch hinzu, dass zwei Teilchen „miteinander kommunizieren" – auf welche Art auch immer, wir wissen es noch nicht, die Wissenschaft forscht verzweifelt. Uns genügen aber diese beiden Aspekte, um nun den Schritt von Materie zu Energie, von Energie zu Gedanken zu gehen. Warum? Wenn alle Materie aus „fast nichts" besteht, das, was übrig bleibt, Energie ist und diese „Teilchen" oder anders ausgedrückt, „Wellen", miteinander in irgendeiner Art Kontakt stehen, bedeutet das für uns was? Wenn wir aus Materie, also Energie bestehen, müssen auch unsere Gedanken daraus bestehen. Wenn also alles aus Energie besteht, ist die Art des Zustandes der Energie (feste Materie, unser Körper, Wasser, Gedanken) nicht ausschlaggebend über deren Zusammenhang/Zusammenspiel, über deren mögliche Kommunikation. Wir können also unsere Gedanken nicht nur als Energie sehen, sondern sie auch als solche nutzen, indem wir uns schlicht und ergreifend *das* wünschen, was wir möchten: z.B. Erfolg. Je konkreter wir uns das vorstellen, desto konkreter werden Teilchen „angesprochen". Unsere Gedanken sind die „eine Hälfte" der zusammengehörigen zwei Teilchen, das, was wir uns wünschen, die „andere Hälfte". Diese beiden werden dann zusammengeführt, ja, es gibt gar keinen anderen Ausweg, wenn unsere Gedanken derartig starkt sind, dass sie den Wunsch ins Leben rufen. „Wir werden zu dem, was wir den ganzen Tag lang denken." (Ralpf Waldo Emerson) Wenn Ihnen nun ein oder mehrere Lichter aufgegangen sind, wie mir, als ich mich durch die Lektüren gekämpft habe, dann bin ich stolz, Derjenige gewesen zu sein, der dies initiiert hat.

[46]Ament berichtet Folgendes: „Ich hatte auch oft gelesen, dass man auf seine Ziele stark konzentriert sein sollte – sozusagen eine Art ‚energetisches Umfeld, dafür aufbauen sollte. Nichts leichter als das, sagte ich mir! Wünsche hatte ich genug – und an Motivation für eine Umsetzung haperte es auch nicht. Wollen wir also mal sehen, ob das wirklich funktioniert... Mit einem einfachen Test wollte ich die Wirksamkeit dieses ‚Geheimnisses' ausprobieren: Zunächst legte ich fest, welches meine jeweils drei wichtigsten persönlichen und finanziellen Wünsche waren. Dann kaufte ich mir einen Kalender in Buchform. (...) Täglich (!) schrieb ich jeden Tag aufs Neue meine sechs Wünsche hinein! So müsste meinem ‚Unterbewusstsein' klar werden, wie ernst ich das mit meinen Wünschen nahm. Außerdem lass ich mir jeden Abend meine sechs Wünsche mind. 15 Minuten laut vor. Zwar kam ich mir selbst ein wenig ‚komisch' dabei vor, aber „... am Anfang war das Wort ...", dachte ich mir – das steht doch schon in der Bibel... Zusätzlich besprach ich eine Audiokassette mit den sechs Wünschen – immer und immer wieder, bis das 1-Stunden-Band voll war. Das Band nahm ich mit in mein Auto, und ich hörte mir die Texte beim Fahren an. (...) Und bevor ich mir im Radio die schlechten Nachrichten antat, hörte ich mir lieber meine sehnlichsten Wünsche an und verstärkte diese dadurch. Ja, und dann wartete ich. Was würde jetzt wohl passieren? Wochen gingen ins Land und ich hielt meine Vorgehensweise eisern ein. Nur wenn sich entsprechend viel Energie aufbaut, können meine großen Wünsche auch realisiert werden, sagte ich mir. Und ich merkte mit der Zeit tatsächlich, dass sich meine Gedanken mehr und mehr um meine hochgesteckten Ziele drehten. Es waren Ziele, die ich mir zu Beginn der Aktion eigentlich kaum realistisch vorstellen konnte (...).Es kam in mir so eine Art *„Warum eigentlich nicht?"*-Stimmung auf. Ich konnte mir mehr und mehr realistisch vorstellen, wie es wäre, wenn ich meine Ziele erreicht hätte. Das fühlte sich gut an! (...) Ich kann mich nicht mehr erinnern, wie es im Detail weiterging. Zwar war ich durch das tägliche Schreiben meiner Wünsche und das Anhören der Kassette stärker motiviert als sonst – aber konkrete Ergebnisse konnte ich nicht erkennen. Irgendwie

ließ ich mit der Zeit die ganze Geschichte mit dem Kalender und der Kassette immer mehr ‚schleifen'. Ich hörte die Kassette nur noch gelegentlich und schrieb nur mehr selten meine Wünsche in den Kalender. Im Laufe der Zeit verlief das Ganze dann mehr oder weniger im Sand. Irgendwann einmal, ich weiß nicht mehr, ob es nach sechs Monaten oder sogar einem Jahr war, hörte ich wieder einmal die Kassette und las meine damaligen Wünsche im Kalender. Und ich konnte es selbst kaum glauben, was dort alles stand! Über die Hälfte der damaligen Wünsche war zwischenzeitlich ein normaler Bestandteil meines Lebens geworden! Und ich hatte dies nur durch den langen Zeitraum nicht bemerkt! (...) Natürlich hatte ich selbst noch genügend Zweifel. War das alles vielleicht nur ein glücklicher ‚Zu-fall,? (...) Also wiederholte ich meinen ‚Test,. Ich ersetzte die bereits realisierten Wünsche durch neue Wünsche. Zusätzlich testete ich weitere Optimierungen zu noch schnelleren ‚Wunschrealisierungen,, z.B. verschiedene Suggestions- und Meditationstechniken. Und in der Tat wurde die Zeit zwischen ‚Wunsch, und ‚Realisierung, immer kürzer. Mit jedem Erfolg verstärkte sich mein ‚Glaube, an das universelle Erfolgs-Geheimnis – und das wirkte sich positive auf immer kürzere Zeitspannen aus. Irgendwann wurde es dann so extrem, dass eine Zielsetzung oft schon am Abend des gleichen Tages eingetroffen war. (...)" In: Ament, H.: Das universelle Erfolgsgeheimnis, S. 17ff.

[47] Ament, H.: Das universelle Erfolgsgeheimnis, S. 30.

[48] http://www.youtube.com/watch?v=0O1Kd47Y1EQ&feature =fvwrel Zugriff am 01.05.2013